仰望一棵沉思的树

鲍尔吉·原野 散文精选（青少版）

鲍尔吉·原野 著

时代文艺出版社

图书在版编目（CIP）数据

仰望一棵沉思的树 / 鲍尔吉 · 原野著.—长春：时代文艺出版社，2021.1
（鲍尔吉·原野散文精选：青少版）

ISBN 978-7-5387-6539-7

Ⅰ. ①仰… Ⅱ. ①鲍… Ⅲ. ①散文集－中国－当代 Ⅳ. ①I267

中国版本图书馆CIP数据核字（2020）第233304号

出 品 人　陈　琛
产品总监　邓淑杰
责任编辑　曾艳纯
装帧设计　紫图装帧
排版制作　隋淑凤

仰望一棵沉思的树

鲍尔吉 · 原野 著

出版发行 / 时代文艺出版社
地址 / 长春市福祉大路5788号　龙腾国际大厦A座15层　邮编 / 130118
总编办 / 0431-81629751　发行部 / 0431-81629755　北京开发部 / 010-63108163
官方微博 / weibo.com / tlapress　天猫旗舰店 / sdwycbsgf.tmall.com
印刷 / 三河市天润建兴印务有限公司
开本 / 710mm × 1000mm　1 / 16　字数 / 134千字　印张 / 12.5
版次 / 2021年1月第1版　印次 / 2021年1月第1次印刷　定价 / 38.00元

序言

吹我的风已经渡过了黄河

今早跑步，我看到北陵公园的湖水上有一圈波纹儿，风吹到了水上。哪有风？我没有感觉到风。走进树林，看树叶微微晃动，这时候我才感到风吹在脸上。就是说，我把心里关于风的开关打开后，皮肤才感觉到微风拂过。

以这件事为例，人这一生不知错过了多少与大自然接触的机会。你忽略了大自然。大自然对你来说根本不存在。大自然没从你心头走过的话，这一生都令人遗憾。大自然不光有四季，以及天空、大地和植物。对人来说，它有教益，有力量。我甚至喜欢用一个病句来表达我的感受——大自然里面有人生。

我常常在大自然里面流连忘返，我不知道我看到了什么，但一直在看。树林里前后左右的树，都是你的观察对象，还有地上的枯叶以及昆虫。眼前的风景似乎是静止的景象，实际它每一秒钟和上一秒钟都不一样，实时更新。在桥上，我喜欢看流水钻进桥洞。我想记住这些水，但它们没有面孔五官，不好记。然后我到桥另一侧的栏杆旁，看水匆匆流出来，像羊群从羊圈跑向四方。水流是拥挤的，也是汹涌的。它是急切的，还是大度的。当然你可以想到水里的鱼。河床下面有石子和苔藓。我觉得这都是秘密。这很神奇，只有我才知道。

今年我看了一部日本电影《有熊谷守一在的地方》，记录一位九十多岁的日本画家熊谷守一在居所里的生活。他的房子周围有树、水塘、青草，当然也有小鸟昆虫。他每天都在凝视大自然的这些作品——树，水塘，青草，小鸟和昆虫。有时候，他在摊开的手心摆放两个石子看上几个小时。在看这部电影之前，我不敢对别人说我也是凝视大自然的人，我怕别人把我当成傻子。功利主义浓厚的社会文化蔑视那些不劳动的人。但是，既然熊谷守一可以如此，我们一动不动地看一个地方也没什么不可以。有时候，我看漓江园窗前的皂角树的枝叶在风中起舞。一阵风吹过，树枝摆动的样子各不相同。就像一个跳舞的人的上肢和下肢在做不同的动作。而风穿过这些枝叶是愉快的。这些枝叶挡住了风的去路，但风毫不犹豫地穿过去，把树留在了后面。风永远是一个胜利者。前面说过的吹起北陵公园湖面波纹的风，后来去了哪里？风停不住脚步，它一直往前跑，往西——众所周知，风喜欢拐弯儿——然后再往东。我觉得这些风，现在已经吹到了河北省，它们正吹麦子。也有可能渡过了更远处的黄河。吹过我的风又去吹树叶，吹昆虫，吹小鸟，想到这些我觉得很愉快。有时候我会遇到一只甲虫的鲜艳的尸骸，不知道它因为什么死了。昆虫也许连心脏都没有，怎么会死呢？我用纸巾把尸骸包起来，过一会儿或者过几天再拿出来看一看。看它的鲜艳的外壳以及风干了的手足。它仿佛在说一件事，但我们永远不知道这是一件什么事。

我喜欢在大地上走，说得更具体是在荒野里行走。沈阳北边有好多荒凉的土地。开发商把耕地买过来，还没来得及盖楼。这些土地按着大自然的样子尽情地疯长各种各样的植物，植物的种子是被风吹过来的。几场雨水之后，草木变得十分茂盛。没人在这样的地方行走，路面不平坦，走上去一定跌跌撞撞。在这样的地方走久了你走路的姿势会变得像一个猎人或者牧民，迈大步用力走。荒地里有许多东西吸引我。比如一个巨大的树桩，里面的木头已经腐烂了，蚂蚁把这里改造成四通八达的宫殿。我还在荒地里看过一只鸟左边的翅膀，太奇怪了，不是一根鸟的羽毛，而是一只翅膀。它怎么会流落到这里呢？在荒地行走，好多小鸟飞到你前面，好像去报信儿。我坐下来休息，看到离我一尺远的地方，一个黄色的东西动起来，像香瓜。它往前爬，而且回头看了我一眼。这是松鼠，皮毛黄色，脊梁上有一条黑线。最好笑的是它看我的那个眼神，很迟钝，像对我不满意，打扰到它了。这多有意思啊。这时候我享受到了昆虫松鼠才能享受到的幸福。

童年，我跟家属院的小孩儿一起玩的时候每每显出无能。他们能在墙头上走，还能在墙头跑。我完全不能。别的事情，比如说制作冰车、制作弹弓火药枪，我也不行。我从小就具备一无所长的特长。现在回忆童年，好像我一直是个静默的观察者，却没有技术。那时好多人说我是废物，开始不是很爱听这个评价，现在恍然大悟，废物多好啊，废物就像草原突兀长着的一棵榆树，它不成什么材，方圆几公里只有这棵树，沐浴着阳光和雨水，幸福。

我们都是大自然的子孙，在上天面前我们都是废物。我站在荒野里，想象我的视角从高空往下看，像无人机拍摄那样，到很高的高处俯瞰站在荒野里的我，不过是大自然里边的一粒沙子，如此而已。我们看到大自然的美，听到风声，这就足够了。不断地在生活中追索意义，自我加压，榨干自己的血汗，是一件很要命的事情。我们的生活里，除了金钱有意义晋阶有意义外，美也有意义，美的意义就是美，如同我们在大自然当中所看到的那样。

我们喜欢用安静这个词来形容大自然。比如你走在树林里，觉得周围很安静，如果你真正进入大自然成为它的一员，会觉得这里面很热闹。蚂蚁和螳螂在地面上忙忙碌碌，小鸟正站在树杈一个隐蔽的地方，用滴溜溜的眼睛盯着你。风从这里走过，每一片叶子都做出回应。太阳光照在树叶上产生不同的反光。前面说到九十多岁的画家熊谷守一，从早晨开始就趴在庭院的水塘边或坐在小椅子上看鱼或草木。他穿的和服后面系一块动物皮毛的屁股垫子。他看螳螂，看小鸟，看水中晃来晃去的光的影子，就这样度过一天，用他那双九十多岁人的亮晶晶的眼睛看着一切。吃完晚饭，他夫人会提醒他说，你该画画了。熊谷守一有些委屈和不满地说：你们这些不画画的人真幸福。这句话也是很有意思的。我自己也想过那些不写作的人多幸福啊。在火车站扛麻包的力工肯定也想不扛麻包的人多么幸福。我曾经见过一个每天都要陪别人吃饭喝酒的人说不喝酒的人多幸福。人总是这山望着那山高。但熊谷守一的话里还有话。他观察大自然并用绘画这种样式记录大自然，他会觉得根本画不出来它的美，观察幸福，画不幸福。就像用文学的方法记录大自然的美也仅仅记录了一点点而已。传达大自然是多么困难的一件事情。

如果非要在大自然当中找到一种所谓意义，其实这里面有非常大的意义。人从类人猿进化成人之后，估计还没有走到终点，也许还走在半路上，他脱离不了大自然。大自然对人的意义不仅是气候与环境，它还是人的导师。人从大自然中所学到的东西一点不比所谓知识提供的要素少。熊谷守一每天忙于安静地观察树叶、昆虫和石子儿，眼睛亮晶晶的。他不会去翻阅智能手机也不看电视节目。他好像也不怎么读书，读书对一个九十多岁的人也有一些困难。你说他脱离时代了吗？他走在时代的前面。你说他内心荒芜了吗？他的内心非常丰盈。我以为我很理解他的幸福。

《流水似的走马》《仰望一棵沉思的树》《向四季躬身致谢》这几本书是从我的文集中重选的一个精粹选集。“精粹”这两个字并非说我写得好，是指编选者把我书写大自然的一些好的篇章集中到这里，既是对大自然的记录，也是对大自然的赞美。人度过这一生，如果没有机会对大自然说一说感恩的话，这个人注定是白活了。我觉得写作这件事情，勤学苦练没有什么太大的作用。写作的核心在于天赋，“天赋”在这里的含义是指老天爷把这样东西赋予你了，让你的手上长了一种本领，即写作的本领。一个人有了这个本领之后，最值得写的就是大自然。大自然的美时时刻刻在我们身边发生，只是穿着四季的外衣或者河流和云彩的外衣，那里是生命能量的原点，也是艺术的源头，是只有少数人才能到达的地方。

目录

Part 1 花朵 · 畅想篇

Part 2 青草 · 成长篇

Part 3 树木 · 眺望篇

Part 4 果实 · 丰收篇

Part 5 大地 · 致敬篇

PART 1

花朵·畅想篇

春天给人送来的希望首先从色彩开始。

花所包含的活力不在它的质地，

更在它鲜艳的色彩。

▼

花的启蒙

我家住南箭亭子那会儿，园子里种花。从小对颜色的认识来自花。

我们南箭亭子家家有菜园，栅栏是红松劈柴样子，鱼鳞的一面向外，中间铁丝勒着，透过缝隙，看见各家的花。

东边有木材厂，电锯“呜呜”地把红松原木的外皮锯下来，带一些木质。这是劈柴，做栅栏，也烧火。

初夏，塞外的小城一点点开花，柳絮先飘过了。井台的积冰全化掉，比冬天矮了两尺。南箭亭子家属院的街道鱼刺形，主干横伸十几个胡同。夏天，面朝哪个胡同都见小孩玩耍，觊觎和蠢蠢欲动，直至连砖缝里都挤入夜色。

上午八点钟，花还不上班。九点半，它们在阳光三十五度角的照射下亮相。太阳不到场，花根本不稀得开。花开，挂着清凉的露水。和它们的叶子比，花瓣太不一般了，比任何材料都娇嫩。

南箭亭子家家都栽牵牛花。牵牛花属旋花科，花冠由紫过渡到蓝，其色阶是检验色盲的好工具。虞美人为罂粟科，红花挂白边儿。三四瓣花开着，背后十几瓣拥簇。石竹花，如同化了妆的罂粟花，五个瓣，红有白边儿。康乃馨也是石竹科，和罂粟很相像，但花蕊被包着，色调朴素。罂粟，艺高人胆大。其他植物没它那么大的毒，也没那么艳、那么浪。罂粟使我后来觉得它像跳弗拉明戈的西班牙娘们儿，裙边层层叠叠。这朵花边上应该有吉他、响板，有人手握两只高跟鞋，蹲着用鞋跟在石板上敲。朋友听我说花的科属，问:“有保卫科吗？我爸属于保卫科。”南箭亭子大院还有紫茉莉，它是草花，有点儿像牵牛。其艳丽蓝乎紫乎，让人说不清，晕了。指出花的色彩是冒险的一件事，所谓紫，只是人类发明的粗糙的说法而已。如果天下有“紫色”的话，有无数种紫，在花中能看出却说不出。植物世界的红、黄、蓝、白之间从来都是水乳交融，它们有亲戚，或者说，植物——是些不纯洁的守夜人。一朵白色的花，仔细看，有微弱的红色已进入。几乎所有的红色中都进驻了蓝，明白了吧？

每个夏季，花朵训练了我对色彩的认知，特别是色彩的明度，或称锐度。花代表着整个自然界的明度。

我对颜色的第二度认知来自草原。草原展现天空的无穷色彩，包含了所有的色阶。城里居住的人，听了这个估计会糊涂——天空有红色、橙色、绿（是的，绿）色吗？有。

我写过，草原雨前的天空有“海带色的浓云”，这是天空的绿色。雨来了，云从铅灰中脱出靛青，空气夹杂腥味，连云彩都会绿，像草坑里的水。早晨，早于太阳出山的轻云，如果晴天，它们浅橙色，薄薄的。如果有雾，日出前的东方，天红如炼钢炉，像火焰一样彤红正大。而草原的蓝天应了一句话：晴空如洗。洗得什么东西都没了，云彩和其他的杂色都被甩干，只剩下蓝。天上大片的蓝覆盖在地下大片的绿上，清楚准确。上帝造物的时候不拖泥带水，也没时间雕琢。这种背景下，人的活动十分微末。如果从山顶看一个人在草原上骑马走，和蚂蚁的速度差不多，只是一个骑在另一个上面。人盖的小小的房子，房子冒着断断续续的炊烟，人走出房子无端地转一圈儿又回到房子里。人太微末了，所以草原上的人们脸上带着谦恭。在草原看天看地，说人要“改天换地”，真是愚不可及。

我童蒙时代的色彩观第三次受到启示是见到钱。第一次见到钱在几岁、什么情境？属实应该牢记，然而忘了。这是一件多么大的事情，呵呵（学网络上的话），自从见了它——也可以写成“自从见了伊”，一辈子都在和伊打交道，躲都躲不开，爱之恨之都无损伊的光焰。我不知有没有从生到死没见过钱的人，他一定纯洁或古怪。我第一次见到钱，就觉得好看，而且没学坏。

最早见到的壹分钱纸币，牙黄质地，褐色油墨印刷。贰分钱纸币为蓝调子。我沉醉于伍分钱的色调，像鱼缸烂水草那种绮靡之绿，苔色。“伍”字为隶书。隶书可写出人间各式各样的情感，张黑女碑、张猛龙碑俱如此。这个“伍”的字体像南汉宸所书，南是中国人民银行第一任行长。字没有于右任的“伍”写得茁壮，但比于右任富贵。壹、贰、伍分钱为我童年私有资金，每日观之。“观之”时，发现纸币最好看是底纹。其他的大钱，如壹、贰、伍、拾圆，见虽见过，惊鸿一瞥而已。

刚刚拥有分值纸钞的时候，我姐教我用《人民画报》的铜版纸叠钱夹。一共叠了六个钱夹，两侧衣袋鼓鼓囊囊，只有四个钱包有钱。我获得一张伍分纸币之后装入最美的钱夹——画面为蓝色的大海和细如拐杖的灰色的舰艇高射炮管。我上街，走几步打开钱夹看一看伍分币，浓绿，财富之绿荫。再走几步，拿出来在阳光下晃一晃。那次，我心里只想着钱，头撞到电线杆子。电线杆子为木制，刷沥青。撞就撞了，没什么事儿。最离奇的，是我走着走着撞到了墙上。我走路和墙平行，头怎么能撞墙呢？钱可通神，果真不假。

荞麦花与月光花

前年上秋，我在刀把子地机井房住了一个月，就一个人。看机井，因为“水利是农业的命脉”，防止地主富农破坏。“文革”中的地富分子，当年也许是最驯良和健壮的人了，他们见人则把路让开，低着头。由于劳动强度远超过贫下中农，因而更健壮。譬如我们队里老刘家的坏分子、老武家地主和老胡家富农。

我早知道，他们再健壮，也万万不敢破坏机井，甚至连一棵庄稼也不敢碰。

一天的后半夜，我急起撒尿，跌跌撞撞冲到屋外。人醒了，但除了腿脚和撒尿的机关外都睡着，即古人所谓“寤”之状态，摇摇晃晃地缓释负担。尿时，睁开眼，一惊；闭上再大睁，竟害怕了。我发现机井房周围落满大雪，白茫茫无限制。我收尿遂奔回屋。躺在炕上想，下雪了，啊？这时候全身都醒了。先想现在是几月，这不才九月吗？中秋节还没过呢？再说也不冷啊？窗户开着，屋里也没有火盆。不行，我蹑足下地，趴窗户一看……

大雪，毛茸茸的，约莫一尺厚吧，随着地势起伏。渐渐地，我明白了，披衣出屋，来到当院的土坪上。

荞麦呀，这是荞麦地。它们迸放繁密的白花，花瓣密得把地皮都遮住了。在白花花的大月亮地里，就是一场大雪，吓退夜半撒尿者一名。我在机井房住了一个月，当然知道屋前左右都是荞麦，开花了。但想不到在月夜，茫茫如此。我站着，然后又蹲下了。我相信有“月魄”一说，即月亮的灵魂常在静谧之夜出窍。这时候，月色细腻柔美，地上的坑坑洼洼无不承受到这种白面似的抚摩。当然月亮不会无故出窍，倘它在地上有情人（比如在刀把子地附近），必是荞麦花无疑。荞麦花在倾泻的月光下，微仰着脸，翕张口唇，感泣而无力言说。无风，蓝琉璃的夜空，小星三五在东。白花花的荞麦地如此专注于一件事，这太感人了，想不到世上有如此美景，可以由于内急而得以窥之。我知道老天爷会下雪，但不知道它还会造设烘托一种非雪之雪，酷肖。文人所称“梨花似雪”，颇觉勉强。梨花在疏枝上攀举，地上黝黑，即使在月夜，也觉得这么高的雪不易。荞麦花却雪白无疑，那种朴实的村妇气，在月下净去，宛如城里美人了。

我感到，月光和荞麦的神秘交往还没有结束，他们跟人不一样，在静美中传递更广泛有力的信息。我以肉眼当然看不出来，但也不碍什么事。突然，我后悔了，当一个人厌倦白天的种种单调景物时，谁知道造化在夜里制出许多奇境呢？我不知错过了多少机会。

节气近于秋分了，脚下一蓬绿草的修长叶子上，果然沾满雾水。秋虫的鸣唱此起彼伏，唐人（如白居易）说的“霜草苍苍虫切切”，或“早蛩啼复歇”。我不知道唐朝时“切切”之音怎样读，我听此虫声乃是“滋儿滋儿”。

看了一会儿，觉得有件事未做。想一想，认为应使另一半尿复出，然此物已不知去向。又待了一会儿，心里难受，想家了。也许是眼睛被雪白簇密的荞麦花逼出了酸楚。我今日想家，只是惦念父母，可用一个“忧”字结。二十年前想家，是想念包藏着童年与少年的远方的城市，实际是“怜”己。冷不丁想起，我怎么跑到这远离人群的刀把子地机井房前的土坪上蹲着呢？况且是半夜。

现在，我的愿望仍是想看一眼月光下的荞麦地。天地间，月在上，荞麦地在下，我披衣蹲着。

苜蓿花的河谷

小鸟飞过黑松林，飞到阿瓦齐河谷的苜蓿草地上。冬天里的鸟儿在梦中梦到了苜蓿的紫花。

大地把绿毯子斜铺在倾斜的河谷上，苜蓿在上面绣满了细碎的紫花，毯子看上去有了中亚的风格。鸟儿认为这是为它们铺的毯子，纷纷飞到这里嬉戏歌唱。

金丝雀、黄鹂、棕尾伯劳、歌鸲、朱顶雀、苍头燕雀聚集到这里，它们挺着鼓鼓的胸腹，好像里边装着一百首哈萨克民歌和六首塔吉克乐曲。

小鸟滑入草地，又挑头升到空中。空气中好像有透明的大波浪，把鸟儿抛来抛去。鸟翅把阳光的纱巾割成条条块块，让阳光的纱巾整齐地铺在苜蓿花上。

苜蓿的花瓣小而多，二十多瓣长在一起，如一个小花柱。小鸟认为苜蓿花是一本书，二十多个页码，是简易读物，记录着阳光和月光射来的角度。风觉得苜蓿花是一只只紫色的小鸟，花瓣是它们的羽毛。苜蓿花的花语是希望。所谓希望正在于它的花可以像小鸟一样飞起来，让天空铺满紫色，像涨潮一样起伏。

人说鸟儿是美丽的精灵，但我们记不住小鸟的脸。人类把美过多地定义在人的脸上，称其为面容。女人的脸是钱、房子和车，是争斗的刃，是反腐的定时炸弹。如果美的标准不定在脸上，定在什么东西上呢？当然还有衣服、手袋和首饰。人类有美丽的羽毛吗？他们说自己有纯洁友善的心灵，可是从外边看不到。鸟儿也看不到鸟儿的心灵，但它们从不担心受到同类的欺骗和迫害。

喀什噶尔有九十九条古老的小巷，在疏勒国时代，这些小巷已经人声喧闹。我走过蜡烛工匠之巷、砖雕工艺之巷、花盆工艺之巷和铁锅工匠之巷。现在每个巷子都立着雕花的木牌，上面介绍小巷的来历。橘黄色的路灯照在拱形雕花的窗户上，一千零一夜的故事好像就要开始了。现在是黎明时分，街上行人很少。地雀飞过来，在店铺前的地面上飞快奔跑。它们不怕人，只有在几乎被捉到的情况下才飞到街边的桑树上。棕色的野鸽子结伴飞来，在馕铺边上啄食物。它们比信鸽瘦小，或者说像麻雀长大了一倍。在喀什的老城走，抬头看房子，发现房檐上有野鸽子在看你。和你目光交视之后，它们拍翅飞到清真寺的圆顶上。

在乡下，渠水边长着笔挺的新疆杨，用洁白和新绿抵销了戈壁的沉闷。沙枣树的花香令人沉醉，令鸟儿沉醉。在这里，听得到鸟儿发出醉汉般的歌唱。它们的歌声是小调式，有许多半音和滑音。鸟儿醉了才这样唱，比如它们吃过发酵的桑葚。黎明与黄昏的景色让小鸟产生了幻觉，它们的歌声里浪漫的元素多于巴洛克，没有一个高音是扁的，鸟儿唱歌时胸腔全都打开了。小鸟一飞就美丽。按说人们在飞翔中看不到美，因为美飞走了。但鸟儿在飞翔中创造美，况且它们还有歌喉和羽毛。这三项已经比人类高明，人类虽然有喉但并不都是歌喉。他们在纯真的儿童年代，唱得甚至比小鸟还好。长大了，他们只剩下酒喉烟喉与咽喉，与歌唱无关。他们与音乐有关的器官只有耳朵，但一半以上的人的耳朵与音乐无关。人类没有羽毛，只有腋毛，他们用人造的衣服制造差别与美丽。在澡堂子里，他们和她们发现如果失去衣服，皮肤上挂满愚蠢的脂肪。

我们看不见小鸟的脸，但不影响它的美丽。这个叫什么呢?可以叫境界。境界，说的是你站村里它站山上，你在山上它在云端。有多少人自恋自己的脸，依赖、崇拜这张脸，靠脸打天下，而其江山随时光变成了蚁穴。你靠你的脸活，但别人不靠它活。多好的脸都是积雪，早晚将沉没于泥土之中。小鸟用飞描述自由、描述洒脱，翅间带着远方与树叶的秘密。小鸟在飞翔，俯瞰河流和麦浪，划出透明的弧线。鸟儿最有资格讲述山河。

苜蓿花继续织毛毯，它们的愿望是把绿毯子改成紫色。鸟儿飞来检验毯子花色是否均匀。紫花柱挡住了苜蓿草三片肥黑的圆叶子，挡住了羊茅草和雀麦的小花。小鸟用翅膀扇这些花，让它们再紫一些。鸟翅下面的蜜蜂用翅膀扇苜蓿花蕊，让花的香味传遍远山。

春天里，河谷归苜蓿花、小鸟和蜜蜂所有。它们在这里折腾一个多月，初夏到来时，它们各自尽兴而去，马和牛羊来吃苜蓿草。维吾尔族和哈萨克族牧人说，马吃不到苜蓿草，一年都没有劲儿，像得了病一样。马低头吃草，像读书上的字，得意处，把尾巴晃上一晃，苜蓿让它们浑身是劲儿。

野　百　合

站在图里古山顶往下看，除了那块像钓鱼翁似的孤石，全是绿草。油绿的草叶昨晚被雨水冲刷过，草叶向下倒伏，像一个滑梯。下了山，一片白桦林挡住了去路，好像讨要买路钱。

桦树单株、两三株长在一起，树干清洁纤秀，站在一起有如羞怯。大自然多么神奇，松树幼小也透出苍老，榆树让人想到风雨，而白桦树如纤纤少女。在这样的树边应该拉手风琴，或把手绢掏出来系在树上。我还想跟树一起跑——白桦像是会跑的树。

穿过白桦树——我用手掌在树身一一滑过——来到少郎河边。河水轻松流过，仿佛是克孜勒城边的安吉拉河。安吉拉河从贝加尔湖流出，流向堆满灰色云朵的北西伯利亚。我在河的南岸做过一个小敖包，是用捡来的白石头堆起的。在内蒙古大地，人们会捡石头添加它，增加福气。

河水里传出来泥土味，这是头两天下雨带来的气味。河水显出比白云游得还快，超过了天上的云影。大块的水如切不开的青玉，透出青黑的肌理。河水转弯处，倒映着图里古山的侧影，像是石崖饮水。

河边开满野百合花。这片滩地从山坡缓冲下来，现在开满了花。野百合、老鸹眼、矢车菊都开在这里，好像地毯刚从河里洗完摊在这儿晾晒。花里面最妖娆的是野百合花，开放最盛时，它们的花瓣卷曲到后面，像杂技演员练习弯腰叼手绢。野百合有红花、黄花和白花。我觉得白色的野百合花还没开完，等待变成红色或黄色，花蕊已先期变红。一些白花的花心透出黄晕，有的透出绿晕，探出金色花蕊的红百合花最耀眼。

野百合花半开之际像伸长脖子的唱机喇叭，百代唱片的标识即如此。那么，这儿奏响音乐才对。花蕊里传出转速很慢的老唱片的声音——《夏日里最后一朵玫瑰》，这是苏格兰古老的民歌，也是情歌。从野百合花的喇叭里传出来的都应该是情歌，还有《都塔儿和玛丽亚》和《燕子》。《燕子》是一首多好的哈萨克民歌啊！它旋律的结构如巴赫的音乐那么精致，像水晶魔方，有三成的忧伤，但被辽阔冲淡了。

野百合啊，野百合。这是我在心里对野百合说的话，第二句和第一句重复，因此算一句。看到这么活泼的、跳跃的、鲜艳的花，不说点儿啥不好，说也不知说啥。见到一位真正漂亮的姑娘时，你能说啥呢？说不出来啥，只能说漂亮啊漂亮，跟没说一样。据说，人见到美或置身爱情中，大脑额叶的判断功能被屏蔽，要等到六个月后才恢复。我蹲下，用手捧着花朵，像捧着泉水。松开手，野百合花得意扬扬地晃头。我轻轻地走出这片野百合花的领地——一个人站在花里面显得太高，衣服跟花比显得不自然，而人的五官显得奇怪，不如花朵之没五官，人的手脚也不妖娆。

我慢慢退出去，脚别踩到这些天使。

一群鸟飞了过来，飞到我刚才站立的地方。也许它们刚才就在那里，被我吓跑了。它们落在野百合开花的地方，蝴蝶拍着不中用的翅膀跟着飞过去。那里是野花、小鸟和蝴蝶谈恋爱的地方，生灵在此会合。花朵和鸟羽的鲜艳都是因为爱，“天地之大德曰生”。

和梨花一起白头

四月，春草如在显影剂里刚刚露出一点儿轮廓，还没形成势力，梨花已经开放。

梨花以花瓣试探天气，摊开瓷器似的白花瓣。而红花在六月之后才露头，红在炎热里不容易凋谢。

梨花瓣单薄后仰，像小女孩儿用手黏在褐色的枝上，四五瓣围成一朵花。只有豆芽十分之一粗细的花蕊戴着小黄帽，像杂技演员躺地上用脚蹬坛子。

春草埋伏在旧年的枯叶里，弄不清是转世还是新生。春草在边边角角偷着绿，枯叶掩护它们朝山坡潜行。草芽走在树下抬头看梨花，盼花瓣落下来，闻闻香味。

梨花为山川安神，它的白皙似乎只为曲水流觞调琴。梨花的情操不归于西洋乐，也不是维瓦尔第的《春》，它性近古琴，一音复余音，抚弄流水幽咽。春云那么淡，像贴上去的云母片，与梨花般配。

北方的四月还在萧索，旷野见不到闹意。最闹的虫子还没来，明晃晃的野花也没开始闹，更见不到青蛙。梨花在静寂时分出场，如演员提前十年站到台上。梨花由此意态淡然，不像演出，像给自己排练。水袖略略挥一下，唱词只在心里默默念过。山上的梨花，比所有的草木更像远望，等消息。它引来了春天，却还在等春。鸟儿斜飞过来不落，仿佛不相信梨花的真实。没有飞蝶翩翩，怎么能叫真花？

梨花、杏花是土地的第一张信笺，字迹还模糊。土地手里还没有青草的墨水、红花的墨水。泥土在春天用的是白墨，跟人画国画正相反。古人称“墨分五色”，这是对松烟的黑而言。天地最推重的墨色是白，不是留白是留黑。白墨的淡远比台静农的白梅更悠长，不枯、不涩、不焦，笔笔都是润。天地的浓墨是大地的青草，一皴一川，闭着眼睛用笔扫就可以，不必太工。而梨花由天工仔细点染而来，连工带写。画杏花的时候，稍带一点儿胭脂，一点点就够了，让它留一些雨水浇过的淡粉。

我来树下，伸手想摸一下却不知摸什么。花瓣嫩不可摸，而树干比我还老。站在树下，略微可与梨花相比的是两鬓的白发。发白不及梨花美，但我们俩都白在了上边。我发觉第一根白发时，认为珍贵，拔下夹在一本书里。如今头上的白发太好找了，用手摸，都感到白发抚我。

头发白不算什么怪事，比脱发好得多。我不染发，听凭上天的意思。哪个人的白发不与他的面容眼神相配？全配。人之衰老，从混浊的虹膜、松弛的背肌、手的皮肤、耳朵形状、嗓音、指甲、吃完饭剔牙的动作、颈皱纹、腹部脂肪、走路的姿态和眼神里的流露无遗，染什么头？染发师只管染黑这些头发，上天掌管其他的一切。我与梨花共白头。

向日葵的影子

小时候，我家院子里种的向日葵夭折了七八棵，秋天只剩下一棵高大的老向日葵。它长到两米多高，好像一根绿色的电线杆子。为了帮助牧区的亲戚找到我家，我妈用蒙古文写信告诉他们“院子里长了一棵特别高的葵花”。

我常常趴在窗台看这棵向日葵，它的躯干如同拧满了筋，筋外的绿皮生一层白绒毛。向日葵扁平的后脑勺也长满了筋包，原来像小舌头一样的黄花瓣枯干之后仍不凋落，萎在脸盘子的外圈。它的叶子如一片片手绢，仿佛想送人却没送出去，尴尬地举在手上。

向日葵的伴侣是它的影子。我家的小园子在秋天已一无所有，地上只剩下灰白色的泥土。土被连续的秋雨冲刷出一层起伏的花纹，似干涸的河床。立于院子中间的向日葵的影子如长长的黑色表针，从早晨开始缓缓地转动，仿佛探测园子里的土壤下面的秘密。我们这个家属院的地里有许多秘密。春天，各家种园子翻地翻出过日本刺刀，还有人的骨头。按说，翻地只翻一铁锹深，翻出来一些东西就不应再翻出来新东西了。但我们家属院年年春天翻出来新东西，这些东西仿佛年年往上长，最多的是人的肱骨和胫骨。有的人家把翻出的骨头棒子顺条堆在松木栅栏边上，仿佛炫耀他家的财富，那个时候的人真愚昧。我们跑到各家看这些骨头。有的小孩儿腰扎一根草绳子，把骨头别在腰上，到街里闲逛。这个小孩儿后来失踪了。

我总觉得向日葵的影子底下会有什么秘密。骨头不算秘密，虽然有人说骨头们每天会从地底往上长一点儿，春天长到地面，它们要长出来。如果不翻动，骨头也许长出白枝白叶，也许红枝红叶，不一定。有人说这些骨头的宿主乃有冤，我沿着向日葵的影子往下挖一条细细的深沟，把土掏出来。这样，向日葵影子的细长身躯与大脸盘子就镶嵌在沟里。我见此很欣慰，如果蹲下看，地面已看不到向日葵的影子了。这是多好的事，我藏起了向日葵的影子。

万物和它们的影子应该是两回事吧，东西是东西，影子是影子。向日葵影子的生活是在模仿向日葵，为它剪裁一件透明的黑衣，追随它，须臾不得离开，直至黑夜来临。向日葵的影子没想到它竟掉进了沟里。我在向日葵的东面和西面挖了两条沟，都很细。西面的沟更长。太阳落山时，向日葵的影子掉进这条沟基本上爬不上来了。我一看到此景就想笑，这是它万万没想到的事情。黄昏的光线从辽河工程局家属院包括更西面的体育场和卫校方向的天空奔涌过来，几乎一点儿阻挡都没有。向日葵拖着一根影子的尾巴朝夕阳跑，过一会儿，慢慢地，影子中计了，它掉进了沟里，我在沟上面盖上早已准备好的草。看到没有，向日葵的影子消失了，它是世界上唯一没有影子的向日葵。虽然它老得掉了牙齿——它脸盘上的瓜子被喜鹊偷啄了很多，像豁牙子的老人。但它摆脱了影子该有多么轻松。房子和杨树都倚靠在自己沉重的影子里，房屋的影子由于沉重而倾斜。杨树的影子甚至在模仿杨树的断枝，像取笑它一样。

向日葵在自己的影子里站立，它在影子里站高、变矮，影子是它对往事的回忆。蚂蚁在向日葵的影子里爬，如同检查它的身体，或者说正把它的影子拆掉，搬到各个地方。每次我从窗台看到向日葵，它如同拄着拐杖的老将军，它离不开那根拐杖，拐杖就是它的影子。

向日葵的奇特在于把那么多种子结在自己脸上，它的大而圆的脸仿佛在笑，长时间凝视太阳却不会造成日盲症。然而它的脸上堆满了子女，多到数不过来。它看不到眼前的情景，它的子女在它脸上铺设了一座团体操的广场。蜜蜂般的花蕊脱落，向日葵的脸上布满黑色带白纹的瓜子。它们被称为瓜子，然而跟瓜没关系。瓜子们等待阅兵的口令。它们的横列已经齐得不能再齐，纵列更整齐，每一个肩膀都靠在一起。“正步走”的口令在哪里？瓜子们等待大喇叭传出这个口令。但没有，然后向日葵的头颅就低了下来，像所有罪人。那时候，盟公署家属院有一半的人是罪人，他们白天去单位低头请罪，回家的路上也不敢抬头。向日葵的头颅越来越低，它终于看到了地上的影子。影子里面有什么？为什么会有一个影子，向日葵仔细查看，脸盘子越来越低。

布 花 朵

人最早接触的花，不关泥土，而在布上。人生下来包裹的那块布，所称“襁褓”，也许是一块浆洗的、旧的、干净的花布。婴儿娇小的身体和布上的花朵相遇，而后遇到更多的花，在自然界与人间。

儿童穿衣服，先从衣服的花朵分别男女。女孩子穿花衣，她们从花朵启发想象，爱花、寻花、画下一朵花。花开在女孩儿的前胸后背，从肩膀开到手腕，有的花开在鞋上，还有袜子。你看女孩子穿花衣，走路连蹦带跳，嘴里哼着歌儿，走几步看看自己身上的花——如果这是一件新衣的话。假设她们穿上了花裙子，难免自比天仙。裙子在风里飘，女孩子觉得自己在飞。在风里，裙子上的花折叠，打开又关闭，像真的花一样，女孩唱更好听的歌。

布花朵比真正的花接收到更多的目光，而真花，在花园和居室的窗台上，如客人一般拘束，没有布花朵广见世面。布之花不怕洗烫，密密匝匝，像一张张不出声的儿童的脸庞。

发明印染法之后，布上的花朵比自然界还多。布，就衣裙、台布、被褥而言，印花比印别的图案妥帖。有人穿印字的衣衫优游，看他肚子、肩膀上都是隶书草书的汉字，好像一块墓碑，或披挂拓片叫卖。字是文化，穿身上就不怎么文化了，怪。可见字的家在字典、报章、书或人的肚子里面，到布上就发傻。我看过一人的枕巾印染楼房，枕楼而眠，梦也挺怪的。把动物印或绣在衣服上，如朝服。不戴花翎的话，衣服上的动物如同关在人体的笼子里。

花，和布和丝绸有天然因缘。其实，印在布上的花，从造型讲都不高妙。蓝地白花，两色，却好看。花布上的花呆板，可称千篇一律，对称、凡俗，但穿上烘托人。以工笔画的笔触印花的图案，穿身上，人就没了。创作的花卉和人的脸与身体“抢戏”，如一山不容两虎。八大、苦禅、雪涛、宋文治的画都不能穿在身上。一位女士穿衣，胸前一大朵工细的牡丹，白底红花，叶子乃至触须都逼真。这位女士的所有表情都不与这朵大花呼应。花朵绚烂，脸何以堪？花布印的都是图案性而非创造性的小花，不管人怎样娇娆作耍，小花都跟随配合，不捣乱，是伙伴。

我回忆母亲年轻时穿过一件衣服，印象越发模糊。好像墨绿色，带紫菀草的白花瓣。这个印象不是我要记的，是记忆要记。记忆具有自主智慧，从久远的时代中抓一件东西作标志物，激发人对旧日的温习。对我来说，我妈那件衣服，意味着我的童年，包括收音机和孙敬修的故事、我妈夏天下班手袋里装的黄熟的甜杏。即使这样，我也记不起那件衣服上的花朵，更记不住她有过的其他衣服。

下乡当知青，我棉被上有黄地带淡紫的花，现在看，这样的色彩搭配有一点儿不讲道理。但我看到它就能想起青年点。过了许多年后，我夜半归家，睡前看到这床被子，突然傻了。原来，上面的花在月光下格调静远，它们竟然没过时。我看出神了，媳妇醒来问：“你看什么呢？”

我支吾之。被子不是书，怎么能说看被子呢？天下有半夜弯腰看被子之人吗？无。我在看布上的花朵。那么多布花朵接近我而又远去，想都想不起来。

雏菊的披肩

花里的孩子名为雏菊，秋天也不衰老，不生长皱纹和白发。它有一条鲜艳的披肩。

雏菊的披肩好像是英国都铎王朝的装束，花瓣从胸前环绕到后背，像防止吃饭洒汤的围嘴，像公鸡的颈羽。

雏菊开遍了北亚的原野，它的披肩盛满了阳光和露水。露水从花瓣流入花蕊时，雏菊再次称赞造物主给了它一条披肩。晨雾封锁了土地，好像天空的牛奶洒了，地面的乳汁比江河宽阔。雏菊闭上眼睛嗅白雾的气味，嗅不到牛奶味，只有潮湿的泥土的腥气，更不能用碗喝。阳光照下来，雏菊的花瓣像涂了显影液，慢慢从白雾里清晰，好像云里栽的花。

雏菊遍地开放，但每一朵都孤单。我看到一个孩子单独站立时，感到了他的孤单。我们愿意看到孩子和他的父母亲在一起，更愿意看到孩子的手被大人握在手里。可是谁领走雏菊呢？山峰领它走吗？小杨树领它走向河边？雏菊从小到大都是一个小大人，它不怕孤单，它有披肩。

小时候，我把一片雏菊的花瓣揪下来，看到花朵露出巨大的豁齿。雏菊的长牙少了一颗。再揪一片，觉得它失去了下巴的胡子。摘掉一半花瓣时，它只剩一个朋克发式。揪掉了所有花瓣，雏菊全变成光头。花蕊浮肿般堆在面庞，草茎奇怪地支着这个没头发、没披肩、没有裙子的脸庞。孩子不懂得珍惜，更不懂雏菊是花里的孩子。他们摘光花瓣之后，把雏菊丢到尘土里扬长而去。开花有什么不对吗？没有花瓣的花有什么好看？

雏菊在夏天盛开，我觉得它好像跟音乐有关系。雏菊跟音乐有什么关系？每次我这样问自己却答不上来。我仔细寻找线索——有哪一首歌曲的名字提到过雏菊？谁？舒曼和舒伯特有过这样的曲吗？想不起来。我也想不起哪一首标题音乐提到过雏菊。接着，我猜想哪一位音乐家会给雏菊写一首歌或曲子。他们满怀童贞，从雏菊的卑微中见到田野广大的美，像见到穿民族服装的保加利亚姑娘跳玛祖卡舞。她们的裙子有玫瑰红的披肩。这个音乐家有可能是肖邦，他连“雨滴”都写了，为什么不写雏菊呢？这是一首跳跃的、晶莹的钢琴练习曲。德沃夏克也应该写雏菊。说起泥土气息的题材，我先想起德沃夏克。东欧比西欧土气，好像东欧的泥土比西欧多出好多，也厚，上面长玫瑰花、麦子、山毛榉树和雏菊。德沃夏克写的雏菊可以泡酒喝，不治病，就图酒瓶子里花瓣好看。没准也有疏肝之效，菊嘛。舒伯特能写出非常好听的描绘雏菊的歌曲，如果他愿意写的话。描写雏菊跟描写儿童有什么不一样吗？一样的，哪块儿都一样，雏菊只比儿童多了一件披肩。我还喜欢猜想这些歌（乐）曲的乐件与歌（曲）名，我觉得我适合想这些事。钢琴能表现所有题材，包括雏菊、矢车菊和杭白菊。吉他也行，但它描述的是西班牙田野的雏菊。小提琴不对味，雏菊不承载深婉的表达，它也没有摧人心肺的美。中提琴和大提琴当然也不适合，雏菊不厚重不回忆也不哲学。明亮的铜管不合适表现雏菊，它没那么坚定庞大，但圆号描绘田园时可以涵盖雏菊。木管太通透了，雏菊不是一条小溪也不是山峰上的积雪，用不上木管的通透。表现雏菊最好的样式是童声合唱，钢琴或木琴伴奏（配器加双簧管，背景加不多的竖琴旋律）。孩子们唱这首（希望由舒伯特作曲）的雏菊之歌时，身上戴着雏菊那样的彩色披肩。名字——给这么好的作品起名是累活——叫什么名字呢？《雏菊》《雏菊练声曲》《雏菊的早晨》？都不理想。这个事以后再说吧，不着急。

雏菊傻乎乎的单片花瓣挂在脖子上，除此之外什么都没有了。它的茎是细秆，带白绒。花瓣啪叽打开，一览无余的花都是傻花，对雏菊而言叫单纯，因为它是花里的儿童。你看中原的牡丹，最符合中国人的性格，搞不清它有多少层花瓣，欲舒又卷，形左实右，花心纷繁似被水洇湿的手纸，何止工于心计，可谓美得渊深。说它是国色没错，天香就有点儿说大了。总之不会有人说牡丹是儿童。

雏菊在田野开放。大地涂满透明余晖的黄颜料，雏菊赶着金黄的马车回家。夕阳的光里飘浮白色的颗粒，雏菊为此瞪大了眼睛，看微尘趴在蟋蟀的黑甲胄上，不知下落。

桂 花 香

九月，我在杭州逗留几日，每天都自我感觉良好，用飘飘然形容更为恰当，因为满街的桂花都开了。

我不知道杭州的狗怎么评价桂花的香气，我觉得这一种花香好极了，更准确地说是妙极了，妙在它属精妙配伍的复合香型。桂花的香气有恰到好处的香，又有体贴的香，它像乐曲一样缭绕。如果香气有颜色，桂花香味的轨道一定像缠枝莲那样回环萦绕。我觉得，桂花香最像花里的话，有一句一句的甜。听桂花近你脸旁说了一席话，人难免要飘飘然。它们的香气从鼻孔先往上走，抵达头顶，然后周流全身。在杭州，在树上摘几朵桂花放兜里，过一会儿掏出来嗅一下，胜过抽烟喝酒。让桂花熏陶几日，感觉自己基本上算一个好人了，这个好是知道好赖的好。一个人记得大自然，被大自然影响到心智，就算原来不好，离好人也不太远了。一个人对大自然无动于衷，还对什么有动于衷？桂花香是一场功课，告诉人微笑与温和的好处。

做人像桂花则近于圣贤，其味无形却有香气。生活中有这么一种带香气的人，他做了许多善事但隐藏这些事，时间长了，这样的人有香气，让人心悦诚服。

我嗅到桂花香气的时候，总觉得这是桂花的微笑，有脉脉的深情。桂花香气讲平等，无论富豪还是寒士，都予以一样的香，佛教称之为无分别心。桂花散香二十多日，一城馥郁，人人得到香的赋予，真是很够意思。

杏花露出了后背

“笃、笃、笃……”沉睡的众树木间响起了梆子。

梆子的音色有点儿空，缺光泽。是什么木的？胡琴桐木，月琴杉木，梆子约为枣木吧。

梆子一响，就该开始了。

“开始”了什么，我也说不清。本想说一切都开始了，有些虚妄。姑且说春天开始了。

梆子是啄木鸟搞的，在西甲楼边的枯杨树上，它和枯树干平行。“笃……”，声传得很远，急骤，推想它脖颈肌肉多么发达。

人说，啄木鸟啄木，力量有十五公斤；蜡嘴雀敲开榛子，力量二十公斤。好在啄木鸟没对人脑袋发力。

有了梆子，就有唱。鸟儿放喉，不靠谱的民族唱法是麻雀，何止唱，如互相胳肢，它们乐得打滚儿；绣眼每三分钟唱一乐句，长笛音色，像教麻雀什么叫美声；喜鹊边飞边唱，拍着大翅掠过树梢，像散布消息。什么消息？

——桦树林里出现一条青草，周围的还黄着。这条青草一米宽，蜿蜒（蜿蜒？对，蜿蜒）绿过去，像河水，流向柏油路边上。

这是怎么回事？地下有什么？它们和旁边的青草不是一家吗？

——湖冰化水变绿，青苔那种脏绿。风贴水面，波纹细密，如女人眼角初起的微纹。在冰下过冬的红鲤鱼挤到岸边接喋，密集到纠缠的程度。

——柳枝一天比一天软，无事摇摆。在柳枝里面，冬天的干褐与春天的姜黄对决，黄有南风撑腰，褐色渐然逃离。柳枝条把袖子甩来甩去，直至甩出叶苞。

在英不落的树林里走，树叶厚到踩上去趔趄，发出翻书页的声音。蹲下，手拨枯叶能见到青草。像婴儿一样的青草躺在湿暗的枯叶里做梦，还没开始长呢！

英不落没有鹰，高大的白杨树纠结鸟巢，即老鸹窝。远看，黑黑的鸟巢密布同一棵树上，多的几十个，这些老鸹估计是兄弟姐妹。一周后，我看到鸟巢开始泛绿，而后一天比一天绿，今天绿得有光亮。这岂不是……笑话吗？杨树还没放叶，老鸹窝先绿了。

请教有识之士。答我：那是冬青。

冬青，长在杨树杈上，圆而蓬张？

再问有识之士。说，鸟拉屎把冬青籽放置杨树之上。噢。

在大自然面前，人无知的事情很多，而人也没能力把吃过的带籽的东西转移到树梢上发芽与接受光照。人还是谦虚点儿吧，“易”之谦卦，六爻皆吉。其他的卦，每每吉凶相参，只有谦卦形势大好，鬼神不侵。

啄氏的枯木梆子从早上七时敲响，我称之为开始。对春天，谁说“开始”谁不懂事。春天像太极拳的拳法一样，没有停顿、章节，它是一个圆，流转无尽，首尾相连。

林里，枯枝比冬天更多。拾柴人盯着地面东奔西走。杏树枝头的叶苞挣裂了，露出一隙棉花般的白，这是杏花白嫩的后背，现在只露出一点点。

金莲花如石头压满大地

这片山坡实际是一大块岩石，落叶松的松针加上风刮来的土在上面积累了厚厚的土层。它倾斜着，方圆几里地宽，像一张不平的桌子，上面开满金莲花。

我没看过开得这么密的花，甚至连手指也插不进去。这么多花挤在这里干什么呢？它们中间没有青草和灌木，像甲板上等待上岸的密集的人。

在喀纳斯，人们看到了许多在别的地方看不到的景观。不太高耸的山峰被云雾包裹，人们不知道什么时候见到山峰的模样，它像一个包头巾的老人，像一个神，那是在云雾打开又合上的瞬间。喀纳斯的山峰下面长着白桦树和松树，像麦子长满了平缓的坡地。五月了，往山上看，从山顶裂下的沟壑积存白雪，像山峰披的黑大氅的白色绲边。树林茂密的地方河水拥挤。河水不深，从林子里跑出来，又跑回林子里去，它一露面，图瓦人和哈萨克族人养的牛羊跑过来饮水。

河边散落着大块的圆鹅卵石。在布满腐殖质的黑土上，这些鹅卵石白得耀眼，像一群鹅笨拙地晃到河边喝水。

河边有图瓦人和哈萨克族人的尖顶木板房子，木板被雨水淋得露出铁黑色。在村边或桥边，你见到一个图瓦人或哈萨克族人就认识了这个民族。他们每个人的脸上流露着儿童式的单纯、友善。仿佛这样的表情才和白桦林、和被云雾包裹的山峰与清澈的河水吻合。伪装的脸在这里与周遭格格不入。无论你穿得多么好，你脸上流露的计谋盘算在大自然面前都显出不协调，像一个坏人在干坏事前经过掩饰的不安。

喀纳斯的草原分散在林地里，比如在林地与河床，在山腰和松林之间。这些草地的色调鲜艳。这一种绿，有灼人的明亮感。我不知这是为什么，好像草叶上有荧光。也许是铅灰低垂的云朵让青草展示一种怒放的姿态。这些青草像领着你走，走吧。我跟着喀纳斯的青草来到了松树林。落叶松笔直深绿，草地浅绿。青草像掺了绿色的清水浸在大地上，灌满了坑地。而进入草色渐深并茂密的草地时，花朵出现了，就像在灌木丛里可以见到兔子一样。这里有狼毒花，有罂粟花。花朵开在河床前站住了脚。河床里有玉，花要停住脚步。它无权进入玉的领地。

传说新疆的河床里有玉，人人都愿意延续这个传说。在河边，常看到辛勤的外地人如插秧的稻农一样猫腰直腰，把一块石头拿在眼前看看扔掉。他们的任务是让石头翻身，换个地方待着。玉还待在玉待的地方，人不知道那是什么地方。我看到哈萨克族人和图瓦人这么纯朴，就知道这里一定有宝藏。我不清楚这是一些什么宝藏，如果是黄金和玉，让它们深深地埋在山里吧。如果是纯朴和善良，就深深地埋在心里。人喜欢在偶然间得到宝贝，没花钱得到一块价值连城的美玉。但我觉得，老天爷一定会格外仔细地挑选那些得到美玉的人。你已经得到了很多好处——安逸、财富和内心平静，还会得到这样的宝贝吗？或者说，一个人要有怎样的德行才配得到一块凭空而来的美玉呢？我说不清这其中的奥妙，只看到人在河滩默默地捡石头，弯腰直腰，把石头捡起来扔掉。我不知他们手里摸过并错过了多少璞玉。他们的希望在明天。

金莲花压得大地透不来气。在这里，花朵像石头一样坚硬厚重，搬都搬不动。花朵的边缘是青草、河流或白桦林。无论往哪一个角度看，远处都是雪山，或者没落雪但被白雾包裹的山峰。金莲花密密麻麻，像在保护这片大地。花朵也会保护大地吗？好像说，这里的花朵是勇士，是骑马而来的军人。它们穿着闪光的金色盔甲，长戟立在地上，等待号令。金莲花要保护什么呢？说出来像笑话，它们要保护土。所谓土是它们的房子，它们的产床，它们的粮食，它们的炕。今天在中国的任何地方，土下面如果被人发现储藏石油、天然气和矿产，此地必将万劫不复。不仅土没了，一切美好全没了。为了这个，连花朵都开始保卫自己的乡土了。

樱桃花在枝头想念樱桃

说“樱桃花”像说一个消失的人，过去见过、后来却见不到的人。樱桃花是被大地幽禁的纺织姑娘，每年春天才能来到。而第二年见到的樱桃花，已经不是去年那些花。

所以，跟“那一个”樱桃花相见，一生只见一次。落在玻璃上的雪花、蹲在绿色送报箱上的雨水、从天空飞过永远不知其下落的鸟，我们都只见过一次。

这一生，无论见什么东西，我们只见过一次，除了身边的人。流过的河水、余晖在岩石铺的金黄毯子、车窗外站着的树，我们只见过一次。用一生的时间也回忆不完我们只见过一次的东西。

樱桃花见过樱桃吗?

樱桃花一生最想见的就是樱桃，而不是杜梨，更不是古怪的香蕉。樱桃花每天都在枝头上想念樱桃，这么稠密的想象被蜜蜂偷走变成了蜜。每朵樱桃花手里举着五片扇，对着阳光显影扇子上面的字。在没有一片绿叶的果树枝上，樱桃花如同一排蝴蝶穿过独木桥。花的蝴蝶丈量树枝，给叶子预留地方。叶子长出来之后，花像树的耳朵，听鸟在早晨独白。

鸟的话语跟樱桃有关，它想到樱桃就想到了酸和甜。血浆一样的果泥，这让小鸟喊叫起来。

樱桃花所想象的樱桃是一只小灯笼，里面的籽像神秘的宝葫芦。灯笼在黑夜微微发光，给往树上爬的小虫照亮。

樱桃花认为樱桃不是吃的食品，它另有奇特的用处。吃是从枝头钻进人的肚子里，对不住漫长的生长。樱桃花询问串门的蝴蝶：你见过樱桃吗？

蝴蝶摆手，蝴蝶只会摆手，表示自己耳聋。

樱桃花想象樱桃身上有美丽的羽毛，肩膀是宝石蓝，胸膛雪白。樱桃用红色的爪子抓紧树枝。到了秋天，樱桃飞到南方气温更暖的地方。

樱桃也许是一只木质的小盒子，樱桃花想。盒子里装着蔫巴变黄的樱桃花的花瓣。樱桃收藏这些花瓣，把每年的花瓣收起来，洒到溪水里，和小鱼成为朋友。

樱桃花开到最繁密的时候，花瓣挡住花瓣的脸。它们向四面八方看，找樱桃的踪影。樱桃并没有从树下面爬上来，也没藏在雨水里。樱桃在哪里呢？

这么想着，风吹走了一层又一层樱桃花瓣。它听说当最后的花瓣落地之后，樱桃才出来。花朵挺高兴，兴高采烈地往树下跳。躺在地上的樱桃花快要枯萎了，问地上的蚂蚁：你见过盛开的樱桃花吗？

蚂蚁指手画脚一通，什么也没说出来。樱桃花向树上看，嫩叶已经站满了树枝，张着完整的边齿，阳光晃眼。

色彩的旋转和燃烧

除了月亮，找不到比油菜花更黄的颜色。油菜花像一壶发酵过分的酒倒在方形的池里，让蝴蝶醉得飞不稳。油菜花盛开的地上没有向日葵，它融化了所有的黄。

大自然知道绘画补色的道理，油菜花让天空更蓝，蓝得像漆，像没有一丝波纹的海。蓝天在油菜花的映衬下十分平静，让白云走路发不出一丝声音。

油菜花的色调让游客兴奋，除了照相，他们不知道还应该做些什么。如果没发明照相机，人在油菜花地手脚都没地方放。他们不会像蝴蝶那样挑剔地翻飞，又不会像蜜蜂那样歌唱。人在油菜花地抚不平驿动的心，他们在油菜花前站着、蹲着、商量，除了照相还能做什么呢？人被油菜花感动了，说不出这种感动，只好照相。

人被色彩感动，验证了莫奈的信念：仅仅是色彩就可以感动人，线条并不重要。大脑神经学至今没有发现人被色彩感动的机理。粉色的杏花是冰雪消融之后的娇嫩，是大地回春的婴儿。这一种粉让人晕眩，如超现实主义的云。人在粉色面前反应迟钝，被这么密的花瓣搅乱心思，为落在脏土上的花瓣珍惜，粉色让人不知所措。青草的绿令人安稳，草和庄稼如果不绿，大地仿佛成不了家园。绿色让泥土的褐色显出一点儿亮调子，露出泥土的生机。

色彩是大自然对人的恩泽之一。春天给人送来的希望首先从色彩开始。花所包含的活力不在它的质地，更在它鲜艳的色彩。人除了用粮食和水喂饱自己之外，还离不开色彩的哺育。白云的白、蓝天的蓝、青草的青，是人的眼睛乃至心灵的粮食，色彩对人生的意义无法代替。

油菜花的金黄相当于色彩的舞蹈。它在旋转、在燃烧，只是眼睛说不出这些感受，甘心做它的俘虏。人的目光当过大海的俘虏，当过白雪的俘虏，当过桃花的俘虏。一个饥饿者饱餐色彩，而后心安。

油菜典雅的黄花比红色还热烈，颜色从花上流淌遍地，它像大地的新娘。油菜花的金黄让人感到人类印染业、印刷业与画家手中的颜料虽鲜艳但没有生命力。

油菜花是大地的音乐，包括合唱与铜管乐齐奏。它喂饱了无数眼睛之后再用菜籽榨油。到油菜花地徜徉，最羡慕那些昆虫。蜜蜂最值得做的事就是一头栽进油菜花里，半个月都不要出来，世上再也找不到比油菜花更好的宫殿了。

花朵踮起脚看一个树桩

这片小野花的花冠只有指甲大，开着白的、黄的小花。花不大，但花瓣有十多片，围着花蕊站一圈。好像穿白裙的小孩儿手拉手围一个圆圈儿跳舞。小野花在当地被称为“鹅了食”，音译，也许是“饿了食”，也许是满语。小野花一开一片，它们都整齐地站在队伍里，可能怕走丢了。它们站立的地方都归它们了，密密麻麻全是花，里面没青草。“鹅了食”对自己的衣裳很清楚，白花全跟白花结在一起，离它们不远的黄花全是黄花。这两种花的花蕊、高矮都一样，只是叶片不一样。白的、黄的站在各自的队伍里。我在白花里企图找到一朵黄花但没找到。花籽随风飘荡，不一定落在哪里长出来，它们会因为花瓣的颜色挑地方落吗？我以为，误入白花阵的黄花刚一冒头就被白花集体掐死了。花比人想象的更残忍，温柔只是人赋予它们的观念。它们不容忍异己。胡适站在花边上说一百遍“容忍是一切自由的根本”，花也听不进去。

贴地生长的“鹅了食”如一小片水洼，雨停之后，东一片、西一片地留在草地上。它们长在坡上更好看，像是有人晾晒的白毯子和黄毯子，因为晚上忘了收起来，毯子上沾满了露水。我沿着公路往北走，经过它们，岔路口有一个树桩，直径约有五十厘米，是柳树桩。在风和雨水的欺凌下，树桩如铸铁那样黑，裂了很深的纹，如一面镜子碎了。有一朵雏菊花高高挺立，伸长脖子看这个树桩。树桩周围没有别的花，“鹅了食”离树桩一步远就停下了脚步。仿佛它们派高个子的雏菊去看一看树桩发生了什么事。

树桩边上的雏菊好像原本没这么高。它显得比其他雏菊高，这是伸脖子看树桩造成的结果。树桩像一个没有食物的餐桌，蚂蚁们从裂口里出出入入也没找到可以吃的东西。

雏菊的花冠在风里摇晃，有如惊讶。树桩的年轮不止记录着树的年龄，还有旱情与树受到的创伤。中间的圆心只有筷子粗细，是说那时它是一棵小树，不足一人高。阳光源源不断从小柳树的叶子进入它的身体，水从根系爬上枝叶。小柳树觉得自己的身体在膨胀，情不自禁地在风里摇晃手臂。它长大之后，奇迹发生——鸟儿在枝头歌唱——柳树觉得这是奇迹。它闭上眼睛听鸟儿的歌唱。小鸟唱得太急促，几乎不换气，音太细碎。柳树听了好多年也没听出鸟儿在唱什么。其他鸟儿是怎样听懂的呢？鸟儿藏在柳叶里歌唱，会不会让其他的树，如榆树、杨树认为这是柳树的歌声呢？每念至此，柳树禁不住要得意地甩一甩柳枝的袖子。当杨树和榆树不知疲倦地举着自己的树叶时，柳树又甩了甩袖子。树叶不过是树叶，也不是奖状，举它们干吗？柳树的叶子像藤萝那样一挂一串。柳枝俯身寻找地上的落花，看蚂蚁扛着蚂蚱透明风干的翅膀行进。这多有意思？杨树叶在天空看到了什么？只有不着边际的云彩。小鸟儿在柳树上跳来跳去，展翅、鸣唱。你不知道小鸟儿歌唱有多么卖力，它们用上了全身的气力，尾巴都要翘起来。风拿着一把扫帚跑过来，清扫每一片柳叶上的灰尘。小鸟儿飞走，在天空留一个黑点。柳树一年年长大，它不知道身体里留着年轮，岁月偷偷地记录着它的年龄。

假如树桩有眼睛，看到天上的小鸟飞旋却不落下，因为自己身上已无枝叶，连树干都没有。它看到身边的树笔直地生长，树叶好像和云彩沾上一点儿边了。蚂蚁快速往树的高处爬。它掉进树皮的沟壑里，一会儿爬出来，再入沟壑。在黑黑的树皮上，嫩绿的柳枝如一只小手伸出来，握着几片叶子，让风吹。树桩想起自己曾经满身枝叶，数不清有多少根枝条，更数不清叶子。下雨时，万千清凉洒在身上，沙沙响。落在树顶叶子上的雨滴流下来，流到下面的叶子上，再流到更下面的叶子上，九曲楼台，遍体清凉。树忍受骄阳，忍受冰雪，但不知道为什么被人伐倒。树桩不知道树身去了哪里，也不知道树身再次被肢解，分别成为某只沙发的两只脚、某家厨房碗柜的垫板、某间学校学生座椅的靠板、某个农民手里铁锹的锹杠、某一把斧头的把柄。它们变为了“木头”，永远听不到叶子在风里的摩擦声，听不到小鸟站在树枝的肩头扯着嗓子高唱。有一个树桩在故乡等着木头回来。但木头永远回不去了，到年头，它们朽烂他乡。

雏菊每天都在看这个老树桩，看它的表情。雨落下来，流进树桩的裂缝儿又冒出来，裂缝儿通不到树根。雏菊看不到老树桩有新的枝条窜出来。它在春天也不绽放新叶，更不用说秋天落叶了。

冬天，树桩上落一层雪。雪化了，树桩还是原来的样子。树桩不生新枝也不朽烂，它在等什么呢？树桩敞着一圈儿一圈儿的年轮，就这样过去了许多年。

PART 2 / 青草·成长篇

草会长满所有的土地，
像练字的人不放过纸上的每一块空隙。
草爱热闹，
是群居的生物。
它们相互拉扯着袖子与衣襟，
挤满了土地。
▼

干　草

干草堆积在仓房，像瓷器沉静地放在花梨木的格子上。干草在这里呼吸、低语，气味微甜而遥远。

干草通过回忆把泥土、河流与夏夜的故事讲述了一遍，既干净，又质朴，而它自己惯常发出这么一种甜味。像小米一样浅黄的干草，露出金子把闪亮褪去的黄色，如高级丝绸的质地。它发出的芳香，比青草隐逸。

我喜欢躺在仓房的干草上，架着二郎腿，想各种奇怪的事情。干草在身体下面发出响动，比纸好听。我想，我躺在多少青草上面啊。那些青草在夏天飒飒起舞，开过上百朵的花儿。

可是在夏季，闻不到青草准确的味道——河水、羊粪甚至蛙鸣都混入空气之中，青草的气味成了细小的呼喊。而这里，仓房里传出草的合唱，淡黄色富有光泽的和声，还有弦乐。一丝丝不绝如缕的甜味，自然是小提琴的独语。

从仓房木板的缝隙向外看。现在是初冬，雪在低洼处晾晒衣裳，庄稼被收走了，谷茬儿划出长长的垄线；天变得浅蓝，像被晒了一个夏天，有些脱色；狗在没有庄稼的地里慌慌张张地跑，追逐落在树上的乌鸦；白雾只有脚踝那么高，像大地披了一件衣裳。

仓房很暖，虽然以后就会冷了。放上一张床，加上煤油灯、猎枪和一本辞典，就能安度悠闲的日子。仓门半开，看日影一点点拉长，门口的猫望着远处犹疑不决。慢慢地，干草的气味钻进衣服和人的身体里，让人清爽健壮、咳嗽响亮；肺里的废气都被干草撵跑，脸色因此红润。

我想象，舅舅仓房的干草里藏着一本日记，记着1920年前的事情，有多少大烟被土匪抢走，村里的某某实为某某的私生子。而后从草堆里找出一把毛瑟枪，克虏伯所造，已经锈了，还有手帕裹着的一绺女人的头发，以及地图、鼻烟壶和掏耳勺；把仓房的门用力一关，上面掉下一函清朝王爷呈蒙藏院的密札。

然而，这多不可能。干草是昭日格图舅舅和我芟割的，还有朝鲁。我们在西洼地芟草的时候，马车一侧的轱辘陷进田鼠洞里，翻了，使朝鲁的脑袋缝了六针。在放干草之前，仓房堆着铁犁、马鞍和朝鲁结婚用的组合家具。去年，我在巴林右旗的查干沐沦村住了一个秋天。

草言草语

对春天，阿斯汗说“草暴动了”。

我当即对他刮目相看，说：“你说得挺好。咋想起‘暴动’这个词了？”

阿氏显见没有批评家的诠释才华，说：“你看，这不是，哪都是草，包围咱们了。”

草包围咱们了，说得好。我对鄙外甥进行鼓励，说：“你呀，好好念书，长大……”

“咦？”阿斯汗从地下捡起一个瓶盖，大声说，“这是饮料的盖。”

我的表扬连头还没开呢，不说也罢。对儿童，在许多情况下，赞扬都不如饮料的盖更有价值。我们穿过火花路，再往前就是煤厂，顺墙根一直走，就直接上南山了。

到处都是草，草不择地而生。在人们看来是肮脏的墙角，草伸出干净的叶子。如果没有人的践踏，没有水泥和沥青路面的遮蔽，草会长满所有的土地，像练字的人不放过纸上的每一块空隙。草爱热闹，是群居的生物。它们相互拉扯着袖子与衣襟，挤满了土地。

草的突然出现，好像让人相信一个道理，什么道理？不一定能说清楚，大约是在我们看来无生气的大地上，始终流动着数不清的生命。在我看来，冰雪没有把草冻死是一件奇怪的事，也是让人感动的事。这里面的道理不是斗争，而是和谐。大自然是最为高明的精算师，在妥协和激进中让所有的生灵都有一个位置。

草暴动了，这是阿斯汗对春天的一种比较吓人的说法。看到草和树上懒洋洋的杏花，我觉得春天也暴动了。如果看到开河的江水，冰块汹涌而下，更能体会“暴动”的力量。

在春天，还有什么没暴动？昨天我甚至看到了一只蝴蝶，它像一位初愈的病人，在灌木中软弱地飞舞。

说来说去，是说人对春天不能无动于衷；面对着草——上天在一夜之间送来的如此众多的礼物，也不能无动于衷。想说却说不出阿斯汗那种别致的话——草暴动了。小孩儿真敢说。

青草寂静

早上，山坡上的青草刚刚醒来，张着晶莹的眼睛向四外瞭望。山下的小河拐弯流过去，好像故意不肯走一条直路，我外甥阿斯汗小时候，如果在路边发现一个坑，大喜，一定从坑上纵身跨越才称心如意，小河跟儿童差不多。早上的河水连一丝波纹也没有，白云在河心庄重地移动。河岸的青草纷纷探过头来观看云影。

在微风没有吹来之前，青草上的露珠是它们的眼睛。山坡上，常有鸟儿飞过来，像抢什么东西，不到一秒钟又飞走。鸟儿落下时，翅膀向前兜拢。如放出降落伞增加阻力，像小扇子一样打开的翅羽精巧分明。

青草像站队，又像散开；像漫步，又像等待。看到青草，我想到的另一个词是寂静。没有河水流动，没有树叶喧哗，草的一生处于寂静中。或者说，没有哪一种生物像青草这样度过寂静的一生。它们出生不叫喊，死亡也不叫喊，在缄默中保管着青草的秘密。没有什么地方没有青草。在一个开窗又不住人的房间，地板的缝隙都会长出青草。楼顶上，隆隆驶过火车的铁轨的中间，都有青草的身影。草是最会串门的人。只可惜书页里长不出青草，我最喜欢的三部诗集——惠特曼《草叶集》、《杜甫诗选》、希梅内斯《小银和我》也没长出青草，这些诗集的每一页，实说都应长出青草，开放戒指大小的鲜花，像豆芽那样从书页里钻出。

说到花，青草的花像青草一样朴素。把小黄花送到鼻子底下，闻到一股苦味。牵牛花不分瓣，它们的花不仅像喇叭，还像裙子穿倒了。或者说穿粉裙子、紫裙子的精灵一头栽进花里。

我在青海湖的山坡上见到一只山羊，兀自站立，被风掀起胡子。那时候，我觉得青草是它脚下的臣民，山羊仿佛领着无数青草跋涉至此，下一步的任务是领它们渡湖。山羊表情静穆，它如果想的不是渡湖的事，又有什么事值得它长时间思考呢？机关造公文的人爱说一个词叫“观点”，它在考虑什么观点呢？

青草让山坡的线条柔和，山的所有的坡度都被青草包裹得如在眼前。从山顶背后露出的云团像是从青草里冒出来的。而野花如奔跑。在我记忆中，穿裙子的小女孩儿都喜欢奔跑，裙子上的花太漂亮，不跑腿不得劲。野花的花瓣在风中俯仰摇摆，像笑得直不起腰。而青草如山羊一样静穆地看野花笑。天最热的中午，蚂蚱如触电一般蹦远。我研究过蚂蚱，它的后足比四只前足长十多倍，中间折叠。谁长这样的腿都没法走路，只能蹦。蚂蚱动作的突兀给人感觉它没脑子，细看它脑袋挺大，方形。这种脸型适合戴黑框眼镜。

葡萄牙诗人 Ramos Rosa，我译之为罗萨。他有诗云“我所认识的天使伫立在青草和寂静之中”。这句诗好，更有趣在他说“我所认识的天使”，可见每个人认识的天使都不一样。

有钱人认识的天使在银行，官员认识的天使是大官。实话说，我没见过长翅膀的从天空飞下的天使，以后也许会见到。但如果把天使这个词稍微泛化一些，天使太多了。我家房后有一家房子五颜六色的托儿所。九点钟，刚会走路的幼儿出来做操，他们手拉着前面小朋友的衣襟，齐步走，向左转，神态宛然。我视为天使下凡。这些天使会趺趺撞撞，会摔倒哭鼻子马上又笑了，会太兴奋太胆怯，会向栅栏外围观的人群投来哀怜一瞥。我不止一次在心里感叹，在这里工作的阿姨们会青春永驻，会长生不老。单是摸摸这些孩子的小手，我心里就感到幸福。小鸟儿也是天使，从这个树杈飞到另一个树杈，距离虽不远，也并非人类所能企及。齐白石画的小鸡雏怒气冲冲地抢蚯蚓，也是天使所为。齐白石的晚年，心里住满了天使。天使说到底，就是美嘛。白石最爱美。他说“坏东西不能在我笔下活着”。他觉得他泄露了造化的秘密，既得意，又恐折寿。他说“故夺鬼神之工”，喜欢被人称为夺山翁，又自称借山翁。山即是天工鬼神造化，齐白石坚决相信“丹青胜天工”。他说“画荷，雨气从十指出”。又说“大家作画，胸中先有所见之物，下笔有神。匠家作画，专事前人纸本，所画非所见”。如今的画家，有几个见过自己所画的东西？对照片画的都是少数，更多的人在对别人的画作摹绘，画虎啊、山啊、松之类，得不到天工之助，心里也住不下天使。白石说，他观察鸡的时间比画鸡多百倍。

罗萨所认识的天使在青草与寂静之中。寂静中的大自然千变万化，每一个细节都不会重复。日本的临终关怀护士大津秀一记录了一千例患者的临终遗憾，述说自己一生没做并为之后悔的事情。包括没去过想去的地方旅行，没看到孩子结婚，做过对不起良心的事却没忏悔，等等。大津秀一归纳总结的事情一共二十五项，都在自己与人际关系范围，而没涉及大自然。我以为，没和大自然亲近是人生至为遗憾的事，相当于三分之一的生命虚度了。大自然有美、有爱，有和谐的秩序，还有罗曼斯·罗萨所说的天使。我过去在文章中引用过一句话，在这里再引用一下——爱大自然的人都是好人。

静默草原

谁有过这样的经历呢?

站在草原上，你勉力前眺，或回头向后眺望，都是一样的风景：辽远而苍茫，人难免为这种辽远而惊慌。

在都市里生活，或是寻访名山以及赏玩江南园林的人，都习惯这样的观察：眼光的每一个投射处，都有新景物可观，景随步移。

然而草原没有。

蒙古人前瞻的时候，总是眯着眼睛。他们并非欲看清楚天地间哪一样东西，而是想在眼里装填一些苍茫。

城里的人大睁着眼睛看草原，因而困惑。草原不可看，只可感受。

脚下的草儿纷纷簇拥，一直延伸到远方与天际接壤。这颜色无疑是绿，但在阳关与起伏之中，又幻化出锡白、翡翠般的深碧或空气中的淡蓝。

因而草原的风景具备了看不到与看不尽这两种特点。

和海一样，草原在单一中呈现丰富。草就是海水，极单纯，在连绵不断中显示壮阔。

有一点与海不同，观海者多数站在岸边，眼前与身后迥然不同。草原没有边际，它的每一点都是草原的中心。与站在船上观海的相异处在，你可以接触草原，抚摸、打滚儿甚至过夜，而海上则行不通。

在草原上，辽阔首先给人以自由感，第二个感觉是不自由，也可以说局促。置身于这样阔大无边的环境中，觉得所有的拐杖都被收去了，所有的人背景都隐退了，只剩下天地人，而人竟然如此渺小与微不足道。20世纪哲学反复提示人们注意自己的处境，在草原上，人的处境感最强烈。天，果真如穹庐一样笼罩大地。土地宽厚仁慈，起伏无际。人在这里挥动双拳咆哮显得可笑，蹲下嘤嘤而泣显得可耻。

外来的旅人，在草原上找不到一件相宜的事来做。

在克什克腾，远方的小溪载着云杉的树影拥挤而来时，我愿意像母牛一样，俯首以口唇触到清浅流水。当我在草原上，不知站着坐着或趴着合适时，也想如长鬃披散的烈马那样用颊摩挲草尖。

草原上没有树，所以即使有风也听不到啸声，但衣襟已被扯得飘展生响。我扯住衣襟，凝立冥想。关于克什克腾的一些旧事，譬如霍去病在狼居胥山立碑，康熙大战噶尔丹等一俱杳然无踪。

草原与我一样，也是善忘者，只在静默中观望未来。

青草远道

友人约我写一篇与乡土有关的短文。他带着沉静的笑容，仿佛揣度我心底的乡土印象。我犹豫了。

乡土最根本的意义是地，它和天一样，是人类无力描述的对象。说起它，常常踏入“开口便俗、一说就错”的误境。我曾经长时间迷恋和困惑于鲁迅先生那句话：“宽仁黑暗的地母啊，愿在你的胸怀里安息”。语感有别于他以往的文风，像《圣经》中的“雅歌”。土地无疑是母亲，这不仅由于“天覆地载”这种体位所给人的想象。老子极不情愿留给后世的《道德经》（钟阿城考证应为《德道经》）中，以男女生殖器官的不同，点透土地的母性，并指明母性的深邃、静虚、无为而产生的威力。我想土地最像母亲的在于慷慨。自然界究竟谁在默默无闻、百代不衰地奉献呢？只有土地。当人们浮泛地歌颂金黄的麦浪、无边的森林和美丽的花朵时，是土地奉献了人类所喜欢的这一切。这多么像母亲。当有人说“这孩子又白又胖”时，怀抱着孩子的母亲笑着，虽然她知道这并不是赞美自己。1885 年 10 月 10 日，在波士顿，美国人埃弗雷特在议会上激动地述说农业的重要：“把种子撒在土里，就会出现奇迹”。为什么呢？土地具有一种母性，她的职责是生命的繁衍。虽然黄金也源于土地，但土地的嫡生儿女是谷物、森林、草与花朵这些有生命的东西。

对此，人们能说些什么呢？

不说的缘由一在忘却了，二在说不出。

土地被踩在人的脚底下。朴实的、骄横的、富足与贫困的人都把土地踩在脚下。在所有的谦逊中，土地已显示了最伟大的谦虚。母亲生产我们时的阵痛与流血，都被我们忘记了。堂皇的理由是：当时我们不知道。当我们用眼睛观看世界的时候，看到的又是麦浪滚滚与稻花飘香。我们看不到土地。

当丰饶的庄稼被收割，我们皱着眉眺望远方的萧索。土地如母亲，她并不丰饶，丰饶的是庄稼。

在飘雪的日子，我们欣喜于漫天皆白，忘却了白雪下面的土地。

在人类的眼睛里，永远也看不清自己的母亲，如同看不清被踩在脚底下的土地。

北方被犁杖耕过的土地，灰黄色漫漫起伏，如我在寒风中瑟瑟而行的母亲。然而母亲和土地并不记恨，第二年，土地又长出青草，在空气中散发与过去一模一样的清香。母亲又在冬夜为儿女缝补寒衣，针把手指刺出血珠，昏花的眼睛眯着。

我最喜欢的诗是《饮马长城窟行》中那句“青青河畔草，绵绵思远道”。我不知道这位无名的诗人在如此令人惊喜的美中寄寓了怎样的情怀。仿佛青草跪下祷颂土地，也如人类歌颂母亲。

青青河畔草，绵绵思远道。我在吟哦之间读出悠长的宁静。

然而，我们说不出这种悠远，如同说不清母亲的恩情。土地与母亲，已然无法言说了。

青草和星辰

青草离星辰仿佛太遥远，仿佛没关系，而我觉得它们是天生的伴侣，就像藏在岩石里的黄金跟太阳是伴侣，风跟水波纹是伴侣，钟声和融化的积雪是伴侣。青草和它身边的草只是邻居，它的目光在远方。每天夜里，青草举起双手仰望，看见星辰比它更小，躲在深蓝的帷幕后面。星辰也在天上俯察青草，青草如此之多，和天上的星辰一样多。青草以为星星就是夜空的草，白光是露珠，正如月亮是天上有树的圆窗。天与地相隔一层透明的水，白云是日夜不息的楼舫。

青草在夜里发出芳香。所谓芳香只是对人类的嗅觉而言，用更高级的解码器解码，草香还是一种声音，或者叫语言。这些话语如同多轨混录的唱片，记录了草的歌声。青草的歌声节奏明快，伴奏乐队是弦乐而非弹拨乐，衬托草叶的童声。在天空的乐队里，星辰也发出童声。星辰的声音像河水冲击水晶铃铛，像花瓣被冻成了冰片。

星辰歌唱遥远，青草歌唱遥远，遥远和永远在夜空相遇。遥远能让心躺下休息，所有跟遥远相关的歌声都潜伏着美，也有忧伤。忧伤像花朵，一边零落一边开放，伤感却不绝望。岁月不许美占有太多的时光，也不许一人一物、一花一叶、一晨一夕独占美，自然界的美就是轮流坐庄。青草在夜里跟星辰相会，它们不觉得彼此有多远。在牧区，夜里到外面看星星，看一会儿就觉得星星正在降落，它越来越大，甚至会砸在自己身上。蒙古高原的星星童贞，它们以玩为主，以蹦跳、到河里洗澡为工作。青草只要瞪大眼睛不眨眼，星星就来到了面前，嘻嘻哈哈。它们讲述只有青草和星辰才能听得懂的笑话。一株草拿两只碗找月亮借水，月亮只给它一碗水。草回到家，一碗水变成了两碗水，因为下雨了。青草和星辰比试夜视力，看谁先发现睡觉的松鼠把哪只耳朵贴在树枝上。天际泛白，星星一跃上天，白茫茫的露水是它起跳甩下来的汗滴。星星要在夜色收拢之前钻进它的大氅里，星星是大氅里的钻石，随夜回家。青草的家在土里，它没有大氅。青草无眠，夜里凝视星辰。白昼遥望云朵，唱各种歌。青草充沛的精力来自阳光的能量，人吃粮食吃的也是贮存在植物种子里的阳光。草有力量日夜歌唱。人把草称为小草，实在是小看了草，草不生病虫害，草遭碾压不死，草无须播种年年复生。草的歌声广阔，可惜人类的耳朵没有闻听草之歌声的解码器。人不知星辰和青草是朋友，不知河水和灌木是亲戚，人不知道的事情实在有很多。

铁轨中间的草

坐火车看车外风景，风景是“嗖嗖”而过的电线杆子、缓慢移动的庄稼地，还有连绵的、相貌类似的群山。

车停的时候，人们下车看车站、月台的钟和上下车的人流。

有没有人看铁轨？除了铁路工人之外，没人看铁轨，也没人注意到铁轨中间的草。

一个车站，十几条铁轨闪亮甚至交错延伸到远方。在站台，我看到铁轨中间怡然生长的野草。

野草长在灰色混凝土的枕木中间。它们在累累碎石中长出来，让不自然的铁路添了一些自然的气息。

此后，我常站在火车车厢的门口朝外看铁轨间的草。行驶中，若遇相邻的铁轨，低头看，当然看不到草，路轨白花花地掠过。

山野的铁轨间长着野草。草，甚至长在城里楼顶水泥的裂缝儿中。我还见过木制电线杆裂缝儿中长出的草，它们像顽皮的儿童做捉迷藏的游戏，说：“你不知道我藏在哪儿。”草还是被我看到了。

铁轨中间的草，假如有一株是我，我断然不敢长在那里。钢铁的怪兽日夜从头顶掠过，吓死了，更不要说生长。

而这些草——如我在车站看到的——与别的地方的草一样的舒展安然，并没有缩紧身子或躲在石块下面不敢出头。

它们比山野的草更胆大。

环境没办法挑选。风把草籽带到这里。它们也面临二选一，要么死掉，要么活在这里。

活，是覆盖所有道理的大道理，是前提，是后果，是话语权，是青山和柴火，是太阳照样升起，是晚上脱在床下的鞋第二天还能穿上，是朝夕相处，是一张无论多老都健康的脸。

诸如种种，全胜过“音容宛在”。

至于怎么活，是自己的事。把铁轨的草栽到盆里就好吗？这要问草。

那些铁轨中间的草，我看到有细长的瞿麦、蓬勃的花草，夏季开黄花。还有紫菀以及地榆。我揣想，它们仰视着列车自头顶呼啸，甚至会得意，你走你的，我长我的。列车带来的机油味和冷风只为短暂一瞬，更多的是阳光，夜晚满天星斗。

这是一丛丛骄傲的生灵，在铁轨中间安家，比走铁轨的儿童更骄傲。都说火车风驰电掣，它们轮下其实还有娇嫩的草。

草在铁轨间摇动身子，像嘲笑所有的怯懦。

南风里有青草的香味

黑黝黝的灌木丛冒出一层暗绿的芽苞，横竖都成行，像一封信，密密麻麻的字写在灌木的手心里。

叶苞攥在灌木的手心里，掰也掰不开，除非春天真的来临。

春天与人间的通信，字迹是绿色的。在柳树那里，枝条边写边蘸浮雾袅然的池水，不然，字迹绿得不深。

在这封信里也有插图——当苏醒过来的土地写信写得手腕已经酸了的时候，就随手涂划。

插图是树上的花。

杏树把花朵高高举在头顶，这是对节令最诚挚的感激也是对天的膜拜。

天也许在春季才睁眼俯瞰下界，那么杏树赶紧举起花朵，一个春天也不敢放下。春天看到了杏花，就会如约而来，蜜蜂与蝴蝶都如约而来。

这时，人们相信，天和地都如此诚实。

当灌木写信的时候，春天会为此感动得流泪，泪水被风飘成雨丝，把灌木的信笺打湿了，字迹洇染之后，整封信都绿成一片。

因而春天始终没看清灌木的信，她安慰自己：明年还能看到。

蚂蚁认为是它把春天惊醒了——在蚂蚁纷沓的足迹下，草叶探出头来观看，一瞬间，草叶像森林一样围绕蚁穴。

风开始从南方吹来，把寒意赶回北地。而北地也有杏花的手势和河水的奔走声。南风吹在墙上，拐弯而走，扑在脸膛如流水拂过，脸庞和鼻孔里灌满了青草的香味。

草木不会白白长在这里

其木德道尔吉[①]已死去四十多年，他坟边的柳树年年都在长。柳树从粗黑的树桩里抽出浅绿的柔枝，在草尖上方摇摆，像拎一只看不见的灯笼。牧民说这里原来没有树，是一片草甸子。其木德道尔吉被埋到地里之后，长出柳树。牧民问我，这说明什么？我回答，其木德道尔吉在地下写诗呢。柳树的叶子像一片片小刀，像他的诗——美含着锋利。

在古罗马，一个诗人的名声先在民众中流传，尔后被官方知悉。伟大诗人的诗在民间有生命力，妇女、儿童和老人不知不觉地背诵他的诗，并以会背诵他的诗为荣。这种情形古今都不多见。唐代蜀地的老百姓也没几个人会背李白的诗。李白的诗大体上仍为文人所读所知，跟老百姓关系不大。其木德道尔吉的诗，如今还在内蒙古老百姓的口中流传，他们觉得这些诗是珍宝，高于语言之上。

牧民们说起诗人哈哈大笑，哈，其木德道尔吉，哈哈哈！

---

① 其木德道尔吉（1924—1980），当代蒙古族诗人、剧作家。

笑声透露赞美和敬佩。他的诗用蒙古文书写，一语双关，精巧难料。好诗是一种奇迹，好像是被诗人偶然抓住的妙句。他凑巧抓到的妙句太多了，牧民珍惜这些诗，喝酒的时候，吟诗赏析。其木德道尔吉的诗全然不是蠢货写的仅仅押韵的分行之物。蒙古诗不押尾韵，只押头韵，这就难倒了很多人。而他写诗一点儿不为难，如儿童玩耍，清风拂面，应了那句形容艺术品最高境界的成语——自然而然。

我的老师安谧是优秀的诗人，说到其木德道尔吉，他眼里每每闪出亮光，心向往之。安谧瘫痪失语在病床上躺了十几年，头脑和听力都清楚。我最后一次看他，聊起百年间中国诗人，说谁谁、谁谁谁，他没表情。说到艾青的时候，他眼睛亮了一下。说到昌耀和牛汉，他眼睛大亮。我说其木德道尔吉，他转过头对我笑，像感谢我说出这个名字。安谧能说话的时候，说其木德道尔吉的幽默、智慧与才华如喷泉一样时时刻刻喷发，所有的人都喜欢他。安谧老师躺着生活了十几年，他想的事情仅仅是：什么是诗、什么是诗人？诗和诗人的单子在他脑子里越删越少，可能从几千页、几百页删到最后一页了。我问：您最喜欢的诗人还是惠特曼吗？他眨眼。我说第二个是昌耀！他满意地眨眼。我说第三个是其木德道尔吉，他在纸上写："对。没有了。我的诗不好。"

安谧的诗很好，他的《金针花》和《手》多好，但他不满意。安谧老师喜欢把民主意识和纯美熔冶一炉的诗，喜欢诚实的诗。老天爷没给他更多写诗的机会。

其木德道尔吉比巴拉根仓更幽默。他的诗有艾特玛托夫式的细腻和母性之美。他是不需要编剧给他写脚本的喜剧之王或蒙古语之王，他继承了编剧《江格尔》的高贵禀赋，他的诗不过时。

其木德道尔吉的墓地在他家乡——赤峰市巴林右旗夏波尔台苏木的乌兰敖都生产队。墓简陋，边上长几棵柳树。我有时想，柳树会不会知道其木德道尔吉是一个诗人？我是说，墓边的草木浸入一些特别的东西。草木会被躺在地下的其木德道尔吉逗得哈哈大笑，草在风里摇摆是它们笑的样子，它们不会白白长在这里。

草垛里藏着一望无际的草原

草垛如同干草的房子，但里面不住人，也不住动物。这座草的房子没有厅室，没有门，也没有窗户。我在拜兴塔拉乡住的时候，把一扇没人要的旧门摆在牧民额博家的草垛上，远看草垛像一个蒙古包。额博哈哈大笑，说你是一个热爱家的人啊。

那些日子，我没事绕着草垛散步。额博的老婆玉簪花说，狐狸才这样围着草垛转，假如有一只老母鸡在草垛里抱窝的话。

我不在意玉簪花的玩笑，她脸上布满雀斑像一个芝麻烧饼。

额博有三个草垛，它们是牧畜过冬的牧草。现在开春了，三个草垛只剩下一个，额博家的牛羊在六月份青草长出来之前靠它维生。草垛如一只金黄的大刺猬，蓬松着蹲在瓦房前。房前停一辆蓝色的摩托车，洋井上挂着马笼头。我观赏这个草垛，并不因为它是牛羊的口粮，也没想跟牛羊抢这堆口粮。我在惊异——见到草垛我每每惊异，这么多草从地里割下，一绺一绺躺在一起。草从来没想过它们会像粉条似的躺在这里吧？

我从草垛上看到一望无际的草原。草原上的草不躺着，它们站立在宽厚的泥土上，头顶飘过白云。早上，曦光从山顶射过来，草尖的露水闪烁光芒，好像手执刀剑。六月末，大地花朵盛开，像从山坡上跑下来，挥动红的、黄的和蓝的头巾。城里人习惯用花盆栽花，花在家具之间孤零零地开。草原上，大片的花像没融化的彩色的雪。花朵恣意盛开，才叫怒放。开花，只是草在一年中几天里所做的事而已。

野花夹杂在草里，和草一同嬉戏。花朵如一群小女孩儿，甩掉鞋子跑到了草叶身后捉迷藏。明明没有风，却看见草叶的袖子摆动。草浪起伏的节律，让人想到歌王哈扎布唱蒙古长调的气息。歌者把腹中所有的气吐尽，吸气时喉间颤动，气息沿上颚抵达颅顶，进入高音区并轻松地进入假声。这种演唱方法如草浪在风里俯仰，深缓广大，无止息。在哈扎布的演唱中找不到一个接头，找不到停顿或换气口，像透明的风，一直在呼吸却听不到风的呼吸声。

风在草里染上了绿色，它去河水里洗濯，绿色沉淀在河底的水草上。水草的大辫子比柳枝还要长，在水里得意地梳自己的辫子，散在斑杂的石子间。水草根部藏着鬼鬼祟祟的小鱼，这些泥土色带黑斑的小鱼只有人的指甲那么长，不知会不会长大。草原的深处，暗伏很多几米深的小河，有小鱼小虾。

草对于草原，不是衣服，更不是装饰。草是草原上最广大的种族，祖祖辈辈长于此地。白云堆在天上，如一个集市。如果地上没有草，剩下的只有死寂。草把沟壑填满，风里飘过一群群鸟的黑影。小河如同伸出的胳膊，上面站立白云的倒影。草的香味钻进人的衣服里，草的汁液浸泡马蹄。

草们如今成了额博的干草垛，它们一根挨一根躺在一起，回忆星光和露水。摸一下，草叶唰唰响，夏天的草发不出这样的声音。我在心里算计，这些草在草原能占多大的面积，十亩？还是五亩？算不出。只好说，它们是很大一片草。草绿时分，蝴蝶在上面飞，像给草冠插一朵花，过一会儿又插到别的草冠上。草棵下面爬过褐黄的大蚂蚁，举着半只昆虫干枯的翅膀。不远处小河在流淌，几乎没有声音，水面光影婆娑。花朵高傲地仰起头，颈子摇动。月亮升起后，草叶沾满露水，如同下河走了一圈儿。

如今它们变成草垛，变成一所伪装的房子，身边放一扇油漆剥落的旧门。我像狐狸一样围着草垛转，嗅干草的香味。干草的甜味久远，仿佛可以慢慢酿成酒。

每株草芽都泄露了一个秘密

雪不是一天化的。春节过后，雪有步骤地减少。大街上的、马路牙子掖着的、树坑里的雪如按计划撤退的士兵，一块块消失，空气湿润。西墙和北墙角的雪比煤还黑，用铁锹掏一下，才见白心。环卫工把雪掏出撒在大街上，像撒盐。我忽然想起，冬天一直有雪，地面被雪覆盖了两个多月，麻雀到哪里觅食呢?

我从不清楚城里的麻雀靠吃什么活着，草和草籽被雪覆盖了，它们吃什么呢? 飞行消耗的热量比行走更大，但没看到哪一只麻雀在天空像慢镜头一样飞，也没看到哪只麻雀饿得一头栽下来。实话说，鸟栽下来，人也注意不到。

麻雀一定掌握好多秘密，比如在大型超市门前，有儿童洒落的面包屑，或者它们熟知沈阳市皇姑区有多少卖粮食的门市。鸟们了解鸟的秘密。人不妨养成这样一个习惯，在外衣兜儿上扎个小眼，临出门抓一把小米放兜里，边走边洒。大街上——即使是雪地——隐隐约约看得到莹黄的小米粒。商店门口，这位白发西装的男人走过，身后有一点儿小米；那个烫发时髦的女人走过，小米落在脚印上。

雪化了，我看天空的麻雀越来越少，属实说连一只麻雀都没看到。我希望立刻有人纠正我，说麻雀数量并没少，它们飞到了乡村的田野。天道厚朴，给一虫一鸟留出了生路。

都说人乃万物之灵，灵在哪儿？人会造火箭，会给心脏搭桥，会作曲，这一类机巧的事情是万物之灵的例子，可火箭与曲都不是我们造的，是别人。搭桥也是别人搭的。应当说——极少的人是万物之灵，多数人像泥土一样平凡。如果人真的那么灵，能不知道大雪遍地，麻雀是怎样活下来的吗？

人不知道的事太多了。据说月亮圆的时候释放了许多能量，人却察觉不到。惊蛰这一天，小虫身体像被引爆了一样，腾地翻过身，人也没察觉。冬至与夏至这两天，是天地的大事情，人跟没事一样。人觉得股市楼市才是大事。

巴赫的音乐里藏有多少秘密？我们感觉得到却说不出。耳听旋律与肢体环环相扣如流水一般流走了，啥也没听出来。我读巴赫的乐谱，想找一些蛛丝马迹，找不出来。听，它们是铜墙铁壁，听不出头绪。巴赫的音乐像DNA的图谱一样严密。我甚至怀疑世上是否有过约翰·塞巴斯蒂安·巴赫这个人。如果没这个人，这些音乐是从哪儿来的呢？他的帕蒂塔（德国组曲）、他的小提琴与人声的奏鸣曲是从哪儿来的？巴赫的后人今天在哪里？能跟他们合影留念吗？这里面的秘密比麻雀在雪天觅食还复杂。

早春的雪化了，水淌进树坑，夜里又结冰。树坑里的冰片不透明，像宣纸一样白。结着气泡的圆，一踩就破了。冰比煎饼还薄，在早春。

春天伊始，土地暴露了不知多少秘密，每株草冒芽都泄露了一个秘密。老榆树像炭那么黑，身上结碗大的疙瘩。它们头顶飘着轻软的细枝，像秃子显摆刚长出的头发，这是柳树的秘密。人坐在墙边晒太阳，突然见到一只甲虫往树上爬，真吓人一跳。在花没开、树没绿的早春，它是从哪里来的？冬天里没这个甲虫，春天还没到。会不会有人从海南捉来这只虫，装进口袋，坐飞机飞回东北，偷偷放在这棵树上呢？

凹地的青草

春凌水漫过的丘陵地，冒出浅青草。春凌实为春天的洪水，带着冰碴儿，也带肥黑的土。土把这片丘陵地的沙子踩在脚底下，土好像自己身上带着草籽，在无人察觉间悄悄冒出芽。凹处的草芽尤其多，长得高。草像埋伏的士兵，等待初夏冲出去和草原的大部队会合。

我在河坝上走，看远处走过来一位羊倌。羊倌肩上背半袋粮食，抱一台旧电视机，几只羊跟在他身后。我弄不清他到底在干什么，是领着羊上公社开会，还是拿旧电视机换羊。

三只大羊紧跟着羊倌，脸快贴到他裤子上了。羊好像身在城里的大街上，怕走丢了。从大坝上远望，漫一层河泥的丘陵连接天际，青草像被风吹去浮土露出的绿玉。

唯一的小羊羔跟在大羊后面边走边嗅才钻出地皮的青草，似乎检查它们到底是不是一块玉。我觉得羊羔是牧区最可爱的动物。如果让我评选人间的天使，梅花鹿算一位，蜜蜂算一位，羊羔也算一位。羊羔比狗更天真，像花朵一样安静。它的毛卷曲，像童年莫扎特弹钢琴时所戴的假发。

羊羔嗅一嗅青草，跑开，去嗅另一片草。

草和草有不同的气味吗？人不明白的事情其实很多。青草在羊羔的嗅觉里会不会有白糖的气息、蜜橘的气息、母羊羊水的气息？不一样。羊羔不饿，它像儿童一样寻找美，找比青草更美的花。露珠喜欢花，蜜蜂喜欢花，云用飞快的影子抚摸草原上的花。纽扣大的花在羊羔的视野里有碗那么大，花的碗质地比纸柔润，比瓷芳香。花蕊是细肢的美人高举小伞。

早春的花还没有开，草原五月才有花。花一开就收不住了，像老天爷装花的口袋漏了，洒得遍地都是。一朵花在夜里偷着又生了十朵花。五月到六月，草原每天都多出几万朵花。鲜花你追我赶，超过流水。五月是羊羔最欢愉的时光。

小羊羔干净得跟牧区的环境不协调。羊羔站在牧人屋里泥土的地面，仿佛在等人给它铺一块织着波斯图案的地毯。以羊羔的洁白，给它缝一顶轿子也不为过。

大羊走远了，凹地的羊羔还在低头看，好像读到了一本童话书，写蚂蚁和蚯蚓的故事。大羊跟在羊倌后面跑，像怕羊倌把电视机送给别人。羊倌走过来。他裤脚用鞋带系着，戴一只滑稽的绒线帽子。我问："哪个村的？"他回答："呼伦胡硕村。"我问："扛着电视放羊啊？"他答："从亲戚家搬个旧的，安到羊圈里，让羊看看电视剧。"

牧区常有像他这样幽默的人。

风吹草动

五月上旬的一个星期天，我骑车去辽宁大学操场跑步，没按惯常路线走，转道从礼堂那边绕行。接近篮球场时，看到方形草坪上，草叶闪闪发光，马兰在树墙外悄悄开放蓝花。老校工在剪树。

草坪的草是咱们说的进口品种，娇嫩翠绿如染织的地毯。而比地毯更高明处在于草们在风的驱赶下舞出的精致舞蹈。洋草修长柔韧，色泽是画家笔下才有的晶莹的浅绿，而草叶背面在绿中衬一抹银灰。透明的风在这里和草开展欢愉的游戏。有时草叶急急如“之”字蛇行；有时像波纹一圈圈荡开，仿佛投入了石子，或者如体育场上的观众臂膀相牵此起而彼伏的场面。面对这些美丽不知疲倦的草叶，你尽可以想象它们在骑马、哗变、演习八卦掌（团体项目）与诺曼底登陆。谁知“风吹草动”四字在此竟有如此生动的演示。这与我在草原和乡村看到的草景都不同。后者是民众，这边是草舞蹈团。我甚至想冒着挨骂的危险说：“还是外国的草好啊！”或“还是外国劳动人民的草好！”

此时是下午，天边摆满五月的白云。雨才歇，蝴蝶和蜜蜂都没有出来，楼角上的广播喇叭里传出学生播发的知识稿件——海洋资源远远多于陆地资源。与“草舞蹈团”隔一道树墙的是一排马兰，开着淡蓝的花。它们像一群蹑足而走的乡村姑娘，十七八岁，想引人注意又怕异样的目光。我忽地想起萧娴笔下的兰花，也是这样轻盈淡雅。此画是一本杂志的封底，二十年前糊在我家裂缝儿的门板上挡风。我为想起这幅画以及萧娴的名字而惊讶。在都市里，一个人被裹挟于车马人流之间，偶尔脱身却见马兰花静姝一隅，你甚至不好意思自己的东奔西走。我蹲下，专注于花草。老校工环臂持大铁剪“嗒嗒”开合，然后俯察，如理发师侧首找寻那人头上杂毛。我恍然，马兰花、老校工弯腰的姿态和草的舞蹈，是一幅让人屏息而视的画面。在平静的生活中，天地间会突然出现美不可言的胜境。我庆幸看到了它。

这时，老校工回头看我，汗里的盐使他的眼角眯着，表情似有不悦。一人站在另一劳动者身后无理由地观望，当然令人不悦。其实我想多看一会儿。老校工二度一瞥，我走了，美丽的草和马兰都是他的。日常景色在朴素的外表下会突然爆裂内里的美，明灿高扬。与之遭逢已经很难，而遭逢之后无法勾留是另一无奈。人们跋山涉水去拜谒天下名景，譬如泰山峨眉时，究竟有多少人看到了它真正摄人魂魄的美？美像闪电一样，不可能总是出现。它的出现，必有晨夕、明暗乃至风与雨的交关组合，像盛装的大师出现在舞台上。而多数人在泰山峨眉所遇，仅是一场没有演出的空寂剧场而已。

有人说，一个女人最美的时刻，只在某年某月的几天，至多一个星期便寂落了。人们娶来的妻子，多数已经不包含这几天了。如同花朵在空谷里的绽放，它的美属于神，而非男人或女人。

PART 3 / 树木·眺望篇

树之成精，

如人之成圣，

是从轮回中转脱涅槃的达彼岸者。

它的几十米的根是为了找到水，

它自己就是一口井。

当一棵树要这么难吗？

命运让它在火山熔岩里当一棵树就要经历这些磨难。

▼

一 棵 树

草原上树少。树像草原上的牧羊人一样，矮矮地、孤零零地站在草地上。西有夕阳，树把影子拉得很长，愈显孤独。假如树也要和树说话的话——草原的树如牧羊人是一个终生默哑者，伴随它的只有影子，黄昏里拉得长长的影子，如炭精条在白卡纸上重重涂的一道黑线。

在草原上走，看到远方有一棵树，会觉得树正朝这边张望。它矮矮的身躯上穿一件绿雨衣，朝这边望。人会冒一个念头，跑过去，跑到树身边摸一摸这棵树。走到了，它和别的树并没什么不一样，还是树。可是这棵树会笑——如果你善于辨识树的笑容的话——树干的皱纹贴紧你的手掌，树叶在风中微抖。如果树叶可以发出歌声，那就是呼麦。

树在车窗外面和车里的人遥遥对望，不知走多远才能见到下一棵树。黑夜里，树更孤单，有狼趴它脚下做伴也是好的。草原的星星漫无边际，根本不按星座排列，好像什么人把桶里的星星碰洒就不管了。星星从坚硬的夜色里钻出来，看大地发生过什么事情。但它什么也看不到，漆黑的夜色里，草在安眠，海拉尔河、额尔古纳河静悄悄地流淌。星星更看不到草原上的小树。小树若要长到让星星看得见，要过许多年。

我从海拉尔赴额尔古纳，停车，看到路边长着一棵树。树上系着蓝哈达。树只到人的肩膀高，哈达系在它脖子的位置。感谢那个给树系哈达的人，仿佛他代表了许多人的心意。这棵路边小树，好像是树林派来迎接来客的代表，但它太容易被忽略，系上蓝哈达就抢眼了。

蓝哈达在树的颈子上哗哗抖动，树显得骄傲，哈达在它身上系住了无限心意。车开动，我回头看，那棵树由于系上像天一样蓝的绸缎哈达，一点儿也不显得孤单了。

树的尽头

琴、乡下的门窗、板凳、寺庙里的木鱼，这些东西的前身是同一样东西——树。

它生长的时候，人们叫它树。树离开大地之后，叫作木头，叫黄花梨木大床，叫紫檀木棋盘，叫炒菜马勺的把。木头当年在树们的岁月里，身上长满绿叶，沾着露水，是鸟儿的家。当白箭的急雨斜穿而过时，树像顶着雨赶路。雨在树的脚下劈啪打出水花，树身像雨衣一样反光。树木奔跑，直到眼前出现一片野花。

树叶让树丰满，如同大鸟。树在树林里度过了一生最幸福的时光。

小时候，我家东面有一处锯木厂，每一天都传来电锯声，包括木头锯透后电锯发出的袅袅余音。我从三四岁就听到这种尖锐的声音，七八岁时，同家属院的小孩儿一起参观这个厂。锯出白茬的方形木料堆有三层楼高，让你产生幻觉，好像你变成一只蚂蚁仰视火柴盒里的火柴棍。院子里全是松脂的香气，松树的红色鳞片堆满地面。现在想，我老家一个小锯木厂里，半米宽、半米高、十几米长的松木方料竟堆积如山，这么粗的松树得长五百到一千年，这是何等富有啊！我长大再没见过这么粗的松木。五六个工人把松木的一头抬上操作台，工人用肚子顶着松木推向电锯，“刺——”电锯怪声怪气地叫嚣，松脂香气愈发浓重。我觉得锯木的工人已患有成瘾性疾病，他们见到所有的树都想用肚子和肩膀顶向电锯，把浑圆的树变成白茬、有纹理的方料。离一垛垛的方料不远，是一条铁道线，木头从兹前往各地。

树不知自己身上哪一部分变成门。这一部分树变成门之后，成了一个家最重要的成员，它叫门，古语称之为户，替这家遮风挡雨。这家人每天用手摸到门，开门关门。门远离森林已经很久，绿叶和露水永不再来。门上有锁，安玻璃，没人再记得它曾是一棵树，是树身上的一部分。门上年轮的花纹被漆覆盖，花纹在漆的黑暗里回忆森林的绿荫。

有的树变成琴，只用一小块木料，制成琴杆和共鸣箱。琴是树最为文艺的出路，发表乐音并倾听乐音。在音阶的五个全音和两个半音的无穷组合中，琴身的木头听遍了人间苦乐。旋律使它们迷了路，忘记了森林的一切。不同的树让琴声明亮，幽怨，沉思，多情。用放大镜看木板，是无限穹庐，像蜂窝一样，藏着无数小共鸣箱。

木鱼是寺庙的法器。鱼日夜睁着眼睛，僧人以木雕鱼做成响板，取警醒之意，戒怠倦。木鱼的声音幽远、玲珑，是另一种梆子。树成了鱼之后，以声音在寺院的静水里游来游去。

琥珀对松树的记忆

人在黑松林里走，像蚂蚁在青草里面走。所有的松树都比人高出许多，树冠可以望到比你看得更远的地方。紫色的苜蓿花从山顶的岩石倾泻下来，只给老鹰留下一点儿站脚的地方。

用手摸这些松树，鱼鳞般翘起的干树皮扎你的手。掀开松树皮往里面看，里面是雨水浇不到的红色质地。我看有没有蚂蚁爬进去，最好有两个蚂蚁摔跤被我看到。在松林里一路走下去，就这么用手掌抚过松树，一会儿，手心沾满松香，透明的黏液从树身的什么地方淌下来，琥珀色。动物分泌麝香，树只分泌松香。松香仿佛是松树留下的记忆，关于潮湿的夜，鸟啼和清新的空气的记忆。把记忆留在体外的只有松树。

松香的液体里有小虫子的尸体。这是松林里最小最软弱的虫子，连翅膀算上比小米还小，凝固在透明的松香里。我几乎想到了几亿年后有一片琥珀装帧着小虫子的化石挂在墙上，于是我想象有大蝴蝶昏迷在松香上。松树分泌更多的，重约一两的松香，包裹着大蝴蝶。松香完好保留了它翅膀上的眼睛和六足的绒毛，那就是一个很好的工艺品了。不过看到的人是一亿年后的人类。

那时候人类有没有眼睛还都两说着。

松林中最喧闹的是鸟雀，不过那是在早上。阳光才出来，鸟雀已经分成两派，好像争论太阳出还是不出。阳光普照之后，鸟噪止息，可能是认为太阳不出那一派的鸟儿飞走了。松林寂静了，静得让人想数一数落叶松掉了多少根松针。我确实想数落叶松脚下褐色的松叶。有人说我患有强迫症，这就是一个最强有力的证据。松针像一盒火柴洒在了树下，但不整齐。如果不下雨，落地的松针经过阳光曝晒，竟是金色的。远远看，那种金色激发人的惊喜之心——包括儿童在内的人类，见到金子都会扑过去——它明晃晃地耀眼，洒在树下，那时候，松树十分尊贵。

松树的尊贵不是没缘由的，它知道自己是怎么回事。岁寒而后凋只是它品格的一方面。笔直的松树有别于弯曲的杨柳，亦有别于笔直的杉树。它的直里包含着坚劲。直者易折，但松树不在此列。它直而韧，直而有香。我喜欢闻到松树散发的松香味，虽然这常常会让我联想起小提琴的弓子，但我提醒自己世上先有松香后有提琴，二者不可混淆。我觉得松香是松树想说的话，凑巧被我听到。

星星在松树头顶飞翔，似越飞越高的白色蝴蝶，夜空的蓝色如同透射在深海之下的天光。松树的土里混合了几万年的气息，腐熟的枝叶烫手，如同森林家族刚刚端上来的饭菜。没有鸟儿在松林里迷路，也没有鸟儿在松树上撞昏过去。松林的落叶记录了昆虫的脚步声和田鼠的脚步声，这一切都留在松香或琥珀的记忆里。

琥珀好像是一块透明的黄金，或者说是一块走错了方向的黄金——本该是矿物质，它却错走在植物的道路上，变成化石。琥珀像猫的眼睛。我的意思是说，人在胸前或手上戴一块琥珀，会变得警觉或机灵。琥珀好像跟蜜蜂有神秘的关系，其实没关系。琥珀像干邑白兰地酒浆，酒总能给一切好东西找到归宿。

自从我在一块琥珀里见到虫子的化石后，希望每一只虫子都留在琥珀里，变成化石，这样就能很好地保留它们精致的翅膀手足和小而凸出的眼睛。美国诗人查尔斯·赖特在《南方河流日记》里说——“那些虫子多叫人羡慕啊。它们熟悉通往／天堂的路，熟悉用光亮捕捉我们的／闪烁的丛林之路／熟悉虚空之路。／一个八月又开始了，模仿去年的八月／那么多赤裸裸的岁月／躺在如水的天空下／夏之声到处可闻。”

松树是群居的植物。它们站在泥泞的沙土里，雨滴如同松针耳垂的露水。大雨打在松树每一片鳞皮上，好像往树身砸铁钉子，把它们的蓑衣变成铠甲。在阳光普照的时候，松树依旧缄默，它说的话被鸟儿说尽了，鸟儿飞远。当松树最终消失之后，是谁手里拿着一片琥珀？里面有小虫和失去了香味的松香，里面有松树转瞬即逝的身影。

松木在夜晚说话

那些松树被锯成方木楞，整整齐齐垛在那里已经好多年。

第一次看到这些木头，我以为那是一个看台，像体育场的那样。我三四岁，要跪着才能爬上这垛木头。松木新鲜，如玉米面饼子的颜色。过几年，我抬步走上去。再后来跑上去，那时我已十三四岁，而木头像破船一样黑，堆在水文站院里。木头的年轮裂开口子，小虫在里面蚕食，然后运出一些碎屑。碎屑仍然是金黄色，说明木头的肉永远是新鲜的。人死了之后，肉很快就黑烂，变不成金黄的碎屑。

小时候，我几乎每天要去松木上坐一坐，坐的时候像一个课堂里的学生，但眼前没有黑板，只有天空的云彩和墙外的大柳树。柳树的胸径快有一米粗了，它至少活了两三个朝代。你感觉没有风的时候，大柳树告诉你仍有微风，树叶在张望与摆动，像无数条蛇在树梢窜行。风大了，树开始打太极拳，它的劲儿是圆的，一股浑然的力量从根到梢运行，树枝忽前忽后，且退且进，似太极拳的云手或倒卷肱。我坐在木头垛上看柳树打太极拳，一坐一小时，心意全在树上。小时候，我学过一点儿弹腿和华拳，读过太极拳的书。大柳树的太极打得最好，前后左右都照顾得好，劲儿始终藏着，不冒头。大柳树架子稳，腿劲儿足，它练了好几百年站桩。我那时想，这么大的树不知兜了多少风，兜住了几百、上千斤的力量。它要摆动，把这些力量分解掉，以柔化刚。树冠把遇到的风的力量传到根上，像太极推手把对方的劲儿接过来，传到腰、腿和脚上，化解于地，不如此就趴下了。

我这是瞎想，并不知合不合拳法，坐一堆松木上只适合瞎想。松香从屁股传入大脑和中枢神经，人产生木质的、愚笨的想法。我看见三只浅绿色的柳莺飞进树冠里，过一会儿，只飞出两只来。我估计那只被它俩合伙捏死了。我去树下找柳莺的尸体但没找到，可能在树枝上搭着呢。回到松木上，又见四只柳莺飞进树里，飞出两只。这回我不去树下找小鸟的尸体了，我没那么容易上当，而且翻墙费裤子。

雨后，我最喜欢闻松木垛散出的清香气味。每次雨后，松木垛都散出清香，它不知藏了多少香味，也不知它藏这些气味有什么用场。松木的香味像在说话，它们想说什么话呢？它们一定在想念自己的兴安岭故乡，那里有红豆般的蔓越橘，还有蓝莓。松树熟悉狐狸的脚步，断断续续踩在落叶上。松鼠把松树当成操场，练习跑步；松树觉得松鼠是给自己抓痒。松树做过许多梦，比如变成房屋檩子给燕子做巢，比如长入白云里洗个云雾澡，比如松香变成了琥珀。但松树没梦见过水文站，它不知道水文站是干什么的，也不知道为什么把松木剖成方形垛在一起，是为了取暖吗？这些松树彼此相见，有的认识，有的不认识。松木们盼望小偷来偷走它们，这样可以去其他地方转转。

坐在松木上读书，觉得天很快就黑了。字的笔划融化在暮色里。这时候看天，燕子的剪影像鬼魂一样飘来飘去。而天烧光了所有的云彩之后黯淡下来，像一堆无火的炭。天际澄明，白色的大星如徽章别在山顶。松木上爬过蚂蚁，它们不怕松木上的刺扎脚。夜里，松木是野猫的阵地。我曾经在月光下看见七八只猫站成一排，如祈祷。我撵走了猫，在松木上坐了一会儿，听到许多异样的响声。可怕的声音不是啪啪、啾啾，而是类似人的说话声。夜深沉，听到铁船那边传来人的镇定的低语，很吓人。不知什么人在说话，也许松树在这里待久了，跟水文站的人学会了说话。

柳树的母性

常言道："柳树低着头长高。"

这话像拉开一个帘子，或者说射进一束光，让人看清了一些东西。柳是一辈子低着头生长的树，连柳条也垂向地面，而不是伸向天空。柳树一辈子低头在看什么？原来是看自己的儿女。

柳树的儿女多到数不过来，树要牵挂每一根，只好低头看。丰子恺也是低头俯察的人，他留心孩子，他的画作和散文里多见他小孩儿的趣事。丰子恺笔下的阿宝、瞻瞻，留给人间多少美好。丰子恺的画多多少少掩盖了他的文名。现代作家中，他写孩子写得最好。他的幽默居于鲁迅之后，排在其他作家的前面，比林语堂、梁实秋深味。

有人说拍电影是遗憾的艺术，最遗憾的莫过于成人不曾观察孩子的成长，他们的成长比电影更艺术。为人父母，如果从孩子降生就开始观察他，看他爬、走、学语、打闹、上学堂，会看到一片连绵深广的美，比看什么风景都感人。美学的审美范畴，不外真诚、纯洁、天真、幽默、单纯和热忱等等，这些美在孩子身上毕露无遗，比任何书和电影都丰富。

一个低着头看自己孩子成长的人，他的脸一定生动、友善，人有幽默感。因为他有一个孩子做老师，教他生动、友善与幽默。成年人的心灵越来越板结、僵化和虚伪，唯一的良药是向孩子学习。泰戈尔说：上帝等待人们在智慧中回到童年。

没错，泰戈尔发现了童年的美好——包括生动、友善、幽默。回到童年的路径是智慧，智慧是什么？是爱。孩子的心灵里装的爱太多了，多到四溢。孩子们睁开眼睛就考虑小鸟、小花和白云。花鸟和白云冷不冷，需不需要帮助？孩子们大把挥洒着爱，爱并没减少，而他们因此可爱。花草、小动物和美的东西受到损坏，孩子随时洒下大颗的眼泪，哪有像孩子这么博爱的人？孩子们智慧充足，成人见到孩子不自觉惭愧，不为自己的虚伪脸红，也是一件极大的怪事。

西方宗教说人应该谦卑，中国的道家告诉人从谦卑中得到好处，而人其实最难谦卑。处低下者自然恭顺，一旦得势就要昂然，正是“王莽谦恭未篡时”。人自己也分不清趾高气扬与扬眉吐气是不是一回事，这两种情态实在不是两回事。如果没有博大的悲悯情怀，没有百炼钢化绕指柔的修养，身居高位而又谦卑者，古今都少见。老子称：道法自然。自然界成熟的谷穗和向日葵，哪一株不低着头。成熟和母性是同义词。植物从收获开始向大地躬身致谢，替它们的孩子向造物主感恩。

山与树林的合唱

“山在歌唱，只是人没有听到。”我记不起这是一句诗还是一句歌词，也记不起这是别人说过的话抑或我脑子里冒出的念头。话如拾物招领一样放在这里，我想说的是我相信这句话。

在牧区，山峦裹着蓝色的毯子，趴在天边。它们做什么呢？一定在小声唱歌。裹着毯子的人，唱歌的声音一般都不大。山在那边一定看见了河流。草原的河流曲曲弯弯，像在塌裂的河床里流淌。在任何光线上，它们都白而亮。像割裂绿草的白色闪电，又像马鞍上的银链子。群山的合唱是低频震动，河水为此浮起波纹。山比人更早通晓和声的唱法，歌的层次如山的层次。山坡上的灌木带、白桦林带和蒙古栎带是不同的声部。人听到是树叶哗啦啦的声响，这个不算，顶多算伴唱。人听到山和树林的合唱吗？如《出埃及记》那样的肃穆。群山合唱，越矮的山峰声音越尖，跟人一样。树林是乐队的弦乐。我听《霍夫曼的故事》里的船歌，小提琴齐奏也有非凡的歌唱性。树林的齐奏但不齐，也没法绝对的齐，除非是用电子合成器贴上去的音。不齐才好听，树林的伴奏如几百把弓子整齐地拉过去，每把琴的乐音会快一点儿或慢一点儿，混杂的声音如夜空里参差不齐的树梢围在月亮的脖子上。有句成语叫“山呼海啸”，发明这个成语的人是懂音乐的，并通天籁。山的歌声近于呼，古人称吁。呼吸的呼、呼麦的呼，广板并慢板，有曼陀瓦尼乐队的无限的延长音，然而无词，音乐术语叫吟唱。其实所有歌的歌词都是狗尾续貂，是包糖块的玻璃糖纸，是废话。山在夜里歌唱，星星下垂，聚集在地平线，它们是听众。山的歌声的波长不被人耳所解码，山早就看出人是聋子，羊倌赶羊上山下山，没表情，证明他从来没听到山的歌声。

流云停驻，人不明白流云为什么会停下来。云听到了山的歌声，在牧区，朝起的云都挤在天边，如小学生排队，它们在听山的歌唱。歌者不光有山，獐子松是女高音，落叶松是男高音，山洞是男低音，白桦树是次女高音。这是说独唱的乐章，合唱时它们全体加入合唱。

白雾飘过来时，山唱的是情歌。白雾在歌声中滑落在山的脚下。白雾让山的嗓音有一点儿沙哑。迈克尔·波顿唱情歌也很沙哑。太亮的嗓子唱不出情歌的诚恳。心中无苦，不适合在山野里歌唱。山在恋谁？流云、大江，还是天上的星星？这个事在没弄清楚之前不可乱说。人的听力与山的波长对不上，听不清它和它们的恋爱与失恋。那些古老的岩画在说这个事吗？不像。

山不是文工团员，没有新歌的时候，它习惯于沉默。但四季的每一个季节山都要唱一唱，在春天歌声会多一些。山的歌声传过来，鸟儿在天空盘旋，田鼠钻出洞来谛听。唱到低音部分，山石子震落，骨碌到山脚下。如果河水绕着山流，必是此山歌声优美，河水舍不得一下子流走，山为此多唱了好多的歌。

火　山　杨

冰川、汪洋曾经覆盖地球。那些劫难无人知晓——人所能知晓的事情太有限了。山顶岩石里的贝壳化石细微地述说海洋的步履，沙漠里孤兀矗立的石块留下冰川的脚步。地球在汪洋或冰川的时代，并不是毁灭，只是它轮回的一瞬，海水与冰川撤去，地球又耐心地从头开始，培育低级生物，使之高级，繁衍万物。我们在路旁看到小小的蕨类植物，相当于看到地球鸿蒙初开的景象。从羽毛式的蕨类植物身上，我们可以想象经历亿万斯年，地球重新长满了大树与鲜花，昆虫和鱼类都找到各自的归宿。

在地球的劫难中，遭劫的并非地球，而是地球上的生物，包括动物和植物。然而动植物重新长出来——当阳光、土壤和水分具备之后，它们开始恢复生命。用“恢复”描述生命也许不对，动植物的种群并不以个体衡量，只有人以“人这一辈子”描述单一的、不可重复的生命。遍地的青草，是青草集体的生命，它们共享一条命。

人所能目睹到的地球劫难，大约只有火山爆发遗址——地震只是人与人居的劫难——火山喷发之后，地表一片焦土，像我在五大连池所见到的景象。

实话说，我并没想看火山遗址，就像不想看车祸现场一样。来到，所见到的是如前所说是“一片焦土”。两百多年前这场火山爆发，把埋在山里的黑色玄武岩化为流水，喷射天空，尔后落地，形态如烧过的树一样，成了一段一段的焦炭。就化学性质判定，这些不成样子的焦炭，仍然是玄武岩。

站在火山口边上往下看，我不知我要看什么。这是巨大的漏斗形的深渊，黑色。那股冲天而起的熔岩的火柱早已消失了。我感到，时间在这里也消失了。人们说，时间不具备及物性，说时间是物质之外的客观存在（听上去很别扭）。但我觉得时间的及物性很强。时间挤在花的蕊里，挤在梳刘海儿的儿童的额头上。时间站在雨后的笋尖上，时间拽着引体向上者的胳膊打滴溜。时间蹲在电视机里，趴在屋檐的雨滴身上。时间忘记了黄花梨木的生长，但没忘记让它坚固。它忘记了老年人的存在却没忘记让他们死亡。时间一定有喜欢去的地方和不喜欢去的地方。有的地方，时间从来没来过，比如沙漠和五大连池的火山口。

时间不愿意停留的火山口，人像一群奇怪的动物在坑边逡巡。他们围着一圈儿向坑里看，不知看什么。石头从坑底排列到坑沿，块块充满死寂。在河边，我们看到的鹅卵石像一条条干鱼，仿佛先前它们在水里活过。看山里的石头，更感觉它们是活的，是山的肉或者叫筋腱。而火山口的每块石头都是石头的尸体，大大小小都如此。我说我感到不安就是这原因。密密麻麻的石块被1729年的火柱烧死了，匍匐在地，没有声音，没有流水，没有青草。

我们看到了地球当年的劫难和它永不愈合的伤口。

然而大自然永不绝望，脆弱的是人而非大自然。离开火山口，在参观其他地方的时候，我们看到了勃勃生机。当年火山把玄武岩化为焰火狂欢之后，这些焰火洒在方圆几十公里的土地上，似焦炭。我说过，在火山口没见到青草。但在焦岩之上，在好像犁过的石头的黑波浪上，我看到了萋萋青草，在这里邂逅了生命。青草长在黑波浪的转折地，那里面有土和水分。我们驱车向前走，穿过了一大片树林。导游停下车，说这是一片火山杨。

火山杨？它们的脚底下就是石头的黑波浪，上面覆盖着薄薄一层土。这些树貌不惊人，纤弱不直。导游说：这里一根拇指粗的火山杨已经生长了几十年。一棵一米多高的火山杨，有几十米的根扎在地下（岩石里）盘绕。

一米高的、拇指粗的树在地下有几十米的根，这让我惊呆。我想下车摸摸这些树。在火山景区，行人都不可以离开栈道，摸不到树。

它们成精了。树之成精，如人之成圣，是从轮回中转脱涅槃的达彼岸者。它的几十米的根是为了找到水，它自己就是一口井。当一棵树要这么难吗？命运让它在火山熔岩里当一棵树就要经历这些磨难。这些“小”树实际上都是老树。它们跟胸径五六十厘米的树有一样的树龄。如果把人放到一个艰苦地方，他也许会跑掉，但树跑不掉。它不仅要留在这里，还要站立，要活着。我想象这些“小”树在慢慢生长，夏日缺水，冬日是几个月的白雪严寒。对树来说，这没有什么好与不好。火山杨的幸运在于它不知道长在海南与江南的树是怎么活的。活得太容易等于活得太仓促，太快长粗长大，长完了一生。马丁·海德格尔在《存在与时间》里说的："倘若存在就是生命，那就没什么问题，就没什么答案需要回答。"

是的，对火山杨不需要说什么艰难、致敬一类的话，它的存在就是它的生命。它的生命以及所有成败都在它的存在之中，在它的纤弱的躯干和与其他杨树看不出区别的叶子里。对火山杨而言，对静默的山峰、河流和小小石子而言，它们的存在集合了无法知晓的残酷与欢欣，而它们却像什么也没发生过。

就这样，这些葱绿的火山杨长在这里。我为树林没有小鸟替它们有一点儿遗憾，但这不是问题所在。人说这里还有圆耳朵的小火山兔和细细的火山蛇。我觉得它们活得很壮烈，它们自己觉得活得很甘美。人永远了解不到大自然的内心。

胡杨之地

我在四子王旗的速亥看到的不仅是胡杨林，干脆说看到了一个又一个悲泣的灵魂。

胡杨是树，但它跟树最不一样的地方是姿态如人。它似互相搀扶、涉江而来的妇孺，像仰天叹息的壮士，像为自己包扎伤口的士兵。我只想说它们“像”，或者说“是”有灵魂、有苦痛的人。我来到速亥的时候，正迎夕阳，落日把一腔英雄的块垒吐在这片寸草不生的荒沙上。胡杨树虬曲纠结，坐地视天，身子骨披一层滚烫的金红，让我想起罗丹那幅雕塑《拉奥孔》——一个壮硕的男子，与身上缠绕的蟒蛇搏斗，其痛莫名。

人见到松柏、垂柳，手抚其枝，并不会问“为什么”。松柏青青，垂柳依依，没什么可问“为什么”的，一切如常。可见了胡杨，真想问它为什么会这样？我想到了一个词——灵魂。胡杨树一定因为有灵魂，或者说有记忆而痛苦过，并有此态。

速亥，蒙古语为“红柳”，如今是白茫茫的沙地，谁也想不出它六十年前的样子。这里的人告诉我，从 20 世纪 50 年代到 70 年代，速亥人的主要工作是打黄羊。上级给牧民们发冲锋枪，用冲锋枪扫射黄羊；给县和公社干部每人定指标，打不到规定数目的黄羊要扣工资。速亥当年是怎么的植被？风吹草摆，不见牛羊，植被太茂密了。当年打过黄羊的老人说，速亥这地方黄羊多，它们集群飞跑，不少于几百只。不光有黄羊，还有蒙古野驴，有藏羚羊。老人说："你们不要认为只有西藏、青海才有藏羚羊，乌兰察布草原当年有很多藏羚羊。"蒙古语管藏羚羊叫"奥仁嘎"。这个地方鸟啊、花啊多的是。当年这里是湿地。

这个老牧人指着白茫茫的沙砾说"当年这里是湿地"，真的像痴人说梦。如今除了天上的云朵和地上的胡杨属于有形状的东西，其他皆为空荡荡的虚无。

"打死的黄羊呢？"我问老人。

"上级都拉走了，"老人说，"我们自己养牛养羊，从来不打黄羊。打死的黄羊变成了政治任务，肉和皮子都出口换汇了。我们整整打了二十年黄羊，现在什么野生动物都没有了。那些年，每天都有枪声。枪声停了，黄羊、鹤、野鸭子、兔子、狐狸，什么都没了。"

我抬眼四望，速亥这地方在一个盆地里，是二连盆地的一部分，依靠的山叫大红山。可是，打光了黄羊，植物也不能都灭绝啊？

老人说，从 20 世纪 80 年代开始，我们这儿又遭一劫——挖发菜。你想象不到有多少人到我们这里挖发菜，可以叫成千上万。从宁夏来的人，整列火车全都是挖发菜的人。我觉得全国的人都到这里挖发菜来了，黑压压的到处都是人。有人挖，有人收，有人运。运到东南亚一带。发菜这东西怪，这片地上午挖没了，落点儿雨，下午又长出来了。挖的人越来越多，最后变成这个样子。

老人说“这个样子”的时候，特别不情愿，声音迅速被脚下的沙子吸收。如果土地和天空也会死亡的话，就会是“这个样子”。这里的天空虽然高远，却毫无生气，与绿洲之上湿润的天空绝不一样。没有飞鸟、没有层层叠叠的雨云，这是一片失去了肌肤的天空。土地上只有沙子，连蜥蜴爬过的痕迹都看不到，见不到土，地已经死去很多年。今天的速亥，不要以为它籍籍无名，它名声大得很，早就传到了北京和天津等地，出现在专家们的文案里。速亥，现在成了京津风沙最主要的源头。这片地，每年不知向北京输送了多少沙尘。可谁还记得当年它堪比肯尼亚野生动物园的情景，谁还相信此前这里竟然是一块湿地呢？

假如黄羊有灵魂、灰羽鹤有灵魂，野兔、芦苇有灵魂的话，如今它们一起附体在胡杨树上。胡杨树死去后为什么不倒？倒了为什么不烂？它实在是有话要说，是无数野生动物与植物的灵魂请它们保持苦痛控诉的姿态留在人间。有胡杨树的地方，都是动植物们的受难地。差可欣慰的是，速亥至今还保持着一“怪”，下点儿雨，马上就长出绿茸茸的草。人们盼着这里多长草、快长草，一直长出黄羊来。

走不过边境的树

我在俄蒙边界见过一棵树，姿态奇特。那一片戈壁寸草不生，像矿石一样大小均匀的白石块分布在干燥的红土上，土像晒过的烟草叶子一样红。这里只有一个植物，就是这棵树。

它的树皮灰白，主干在一米多高处向后倾斜，像人的腰向后弯。仅有的两根树枝向前伸出，远看，如一个人捧献哈达。不知道什么人在两根树枝之间系了一条丝制的白哈达。风已扯烂了哈达，碎片在风中飞。

蒙古国的东方省在树的背后，它献哈达的方向朝着俄罗斯的布里亚特共和国和更西一点儿的贝加尔湖。

早上，这棵树的影子很长，两根树枝在地下的影子分得很大，像伸开双臂的巨人的怀抱。树在头顶长了一小簇叶子，如一顶帽子，那是这里唯一的绿色和叶子。在影子里，这些圆圆的树叶是巨人的头发。

我把一条蓝绸哈达系在前伸的两根树枝上。哈，好得很。影子里的巨人平端着很宽、很长的哈达，献给了西方。早上，旭日像一个红探照灯在东方的地平线举起半轮，土地变得更红，石头半红半白，牛群在如同燃烧的河边饮水。

我觉得这棵树通灵，它身体后仰如唱长调。长调的尾音很长，人需把肚子里的气吐尽，身子要尽量后仰，哈扎布就是这样。这棵树的树枝是弯曲的，所谓虬枝，好像伸了很多次（或很多年）才伸出去。我想象树冠下面的树皮是它的脸，皱纹早就刻上去了，还应该有一双眯起的眼睛（仰面歌唱不可能睁大眼睛），是蒙古人细而小的眼睛。眼睛下面是一个鹰钩鼻子和唱歌的嘴，胡子在高颧骨下面翘起来，像灰鸟的翅膀。

布里亚特——贝加尔湖西岸，是许多蒙古人最初的故乡。一位住在乌兰乌德山上的大萨满师说，我的祖先曾生活在贝加尔湖岸边，敌不过入侵的沙皇军队才退到了如今蒙古国的东方省。

贝加尔湖像海一样辽阔但比海安静。我早上沿着湖边的公路跑步，见到踉跄的醉汉。公路两边无村庄，不知醉汉从何处走来。他们耷拉着脑袋，像寻找自己走过的脚印。贝加尔湖的丰满把天比小了，天在湖的衬托下显出窄，云朵也少。贝加尔湖最深的地方有六十米，里面不知藏有多少神奇的生物。我看湖似无所见，找小的东西看，那就是鸟。我坐在岸边一尺厚的松木椅子上看鸟，两三只白鸟飞来，长而尖的翅膀如握着闪银光的刀鱼，盘旋远去再回来——其实飞回来的是另一拨鸟。我觉得鸟最容易让人想起故乡，而它离自己的故乡最远，它的翅膀让它终生流浪。蚂蚁一生所走的路都没离开故乡。我想象这些白的鸟、黑的鸟是我的祖先，他们不知从何处迁徙到了贝加尔湖。这是多么好的地方啊，他们一定这样想，可以祖祖辈辈住下来，之后又迁走了，就像鸟。

鸟找不到一个好地方吗？为什么老飞？它要去的地方叫——宿命。

我想象这些鸟在空中发现了我，它们以为发现的是我的祖先，我至少在相貌上像他们。水鸟用两把银白的长刀划破腥味的空气，橘红的爪子贴在肚子上。它们盘旋，看我有没有翅膀和红爪子。我身上勉强可以称之为翅膀的东西只有耳朵。鸟越飞越低，降落到离我头顶不高处再挑起来，鸣叫声如——欧嘎，似乎要带我走。欧嘎是什么暗号？我对鸟也说——欧嘎，让它慢慢体味吧。

我如果能够跟鸟走就好了，我先飞回中国看我爸我妈，告诉他们贝加尔湖的见闻，然后说——欧嘎。他们大为惊讶，上上下下看着我。我再说一声“欧嘎”，我爸会缓缓地说，贝加尔是蒙古语自然的意思，那是我们很久很久以前的故乡。欧嘎，我说。

鸟的翅膀会扇动游人全部的思乡之情，俄蒙边界那棵树分明想回家，它的家也在贝加尔湖的边上。这棵树可能是人变的，也可能是鸟变的，总之它想回故乡。最为触目的是这棵树离边境线只有十来步，但它过不去了，只好伸出双手，只好仰面高唱。

在南西伯利亚，说树会变成人、人会变成鸟丝毫引不起别人的惊讶。布里亚特的导游晓布告诉我，他家一只黄母鸡被大风刮进了山里，三天三夜之后回到了家，羽毛变成了紫色，但比薰衣草的颜色浅。这只鸡下的鸡蛋里面包着一只鸽子蛋。他说，在巴扬（纽扣手风琴）的纽扣上洒一点儿燕麦蜜、一点儿羊尿、一点儿贝加尔湖的水，它的音色就像老人一样嘶哑，半夜里会自动演奏图瓦民歌。

假如把燕麦蜜、鸡蛋里的鸽子蛋、羊尿和黄眼睛人的牙都堆在这个手捧哈达的树的脚下，能不能让它行走？我把这些蛋、尿和蜜喝下去，身上背起巴扬，能不能见到我的祖先？大萨满师说他们来过了，来看我。我仿佛见到了他们——16 世纪的军官和医生，他们和我的脸形一样，气味一样，板牙一样。他们聪明，但会突然办一件愚蠢的事，我就这样，好在意归心窍，平静如初了。

我舍不得这棵树，在黄昏里，它的形影让人不忍离去。你献给贝加尔湖的哈达不要再捧着，让风把它吹进湖里吧，而飞过此地的鸟也会把此景告诉贝加尔湖。

云是一棵树

我见过喀纳斯的云在山谷里站着，细长洁白，好像一棵树。我过去看到的云都横着飘，没见到它们站立不动，这回见到了。

旅游者很难形容喀纳斯的景色。喀纳斯不光有一个湖，它还有神秘的、用蒙古名字命名的黑黑的山峰，有碧玉般的喀纳斯河，有秀美的白桦树和松树。我喜欢把白桦树和松树放在一起说。在喀纳斯，白桦树和松树常常会长在一起。白桦树像水仙花那样一起长出几株来，树身比白杨树更白，带着醒目的黑斑节。松树比白桦树个头矮但更壮实，一副男人的体魄。松树尖尖的树顶表示它们在古代就有英雄的门第。它们长在一起，让人想到爱情，好像白桦树更爱松树一些，它嫩黄的小叶子在风里哗哗地抖动，像摇一个西班牙铃鼓，看上去让人晕眩。喀纳斯松树的树干，色泽近于红，是小伙子胳膊被烈日晒红了那种红，而不是酱牛肉的红。松树如果有眼睛的话——这只是我的想象——该是多么明亮，深沉与毫不苟且的眼睛，一眼看出十里远。

喀纳斯的云比我更了解这一切。它每天见到黄绒的大尾羊从木板房边上跑过去，看到明晃晃的油菜花的背后是明晃晃的雪山，雪山背后的天空蓝得让人睁不开眼睛，眼睛成了两只紧闭的蚌壳。云的职责是在山间横行，使雪山不那么晃眼。它在白桦树和松树间逛荡，好像拉上一道浴室的门帘。云从山顶一个跟头栽到地面却毫发无损，然后站在山谷。我在喀纳斯看见山崖突然冒出一朵云，好像云“砰”的一下爆炸了，但我没听到声音。我看到白云蹲在灰云前面，像照合影时请女士蹲下一样。白云在灰云的衬托下如蚕丝一般缠绵，我明白我在新疆为什么没见到白羊却见到了黄羊，因为云太白，羊群不愿意再白了。

喀纳斯的云可以扮演羊群和棉花糖，可以扮演山谷里的白树。喀纳斯河急急忙忙地流入布尔津河与额尔齐斯河，云在山的脚下奔流。它们尽量做出浪花的样子，虽然不像，但意思到了，可以了。云不明白，它不像一条河的原因并不是造不出浪花，而是缺少“哗哗”的水声，也缺少鱼。这些话用不着喀纳斯的云听到，它觉得自己像一条河就让它这么去想吧。

我写这篇短文是更愿意写下布尔津、额尔齐斯、喀纳斯这些蒙古语的地名，听起来多么亲切。这些名字还有伊犁、奎屯、乌鲁木齐以及青海的德令哈，它们都是蒙古语。听上去好像马蹄从河边的青草踏过，奶茶淹没了木碗的花纹。蒙古语好像云彩飘在天山的牧场上，代表着大大小小的河流和山脉，更为尊贵的名字是博格达峰，群山之宗。蒙古语适合歌唱、适合恋爱、适合为干净的河山命名。这些地名用维吾尔语、哈萨克语、塔塔尔语说出来好像是一个动人的故事的开头。它们是云，飘在巴旦木花瓣和沙枣花的香气里。

喀纳斯的云飘到河边喝水。喝完水，它们躺在草地上等待太阳出来，变成了我们所说的轻纱般的白雾。在秋天的早上，云朵在树林里奔跑，树枝留下了云的香气。夏季夜晚，白云的衣服过于耀眼，它们纷纷披上了黑斗篷。

喀纳斯的云得到了松树和白桦树的灵气，它们变成了云精，在山坡上站立、卧倒、打滚和睡觉。去过喀纳斯的人会看到，云朵不仅在天上，还在地下。人们走过青冈树林，见到远处横一条雾气荡漾的河流，走近才发现它们是云。喀纳斯的云朵摸过沙枣花，摸过巴旦木杏和核桃，它们身上带着香气并把香气留在了河谷里。早上，河谷吹来似花似果的香味，那正是云的味，可以长时间地留在你的脖子和衣服上。

喀纳斯的云会唱歌，这听起来一点儿不怪。早上和晚上，天边会传来“嗞——”或者“哦——”的声音，如合唱的和声。学过音乐的人会发现这些声音来自山谷和树梢的云。它们边游荡、边歌唱。在喀纳斯，万物不会唱歌将受到大自然的嘲笑。

树的道路铺向空中

人说树一辈子没往前走一步路，其实树一直在奔走，它的道路在空中。你平躺在草地上，就可以想象树怎么观看自己的道路。这条路（不应以条论？）广阔蔚蓝，早上变为玫瑰色，傍晚金红。树看不清路的尽头，它有时觉得白云城堡是尽头，但城堡也飘走了。（城堡还会飘走？树觉得云的事太不靠谱）。暴雨滂沱，是路面喷射的水。这时候树也不想走了，它想不通天怎么会变成水库，用下雨的方法泄洪。但雨过天晴是最美的时分，雨不止洗去树和草上的尘埃，也洗掉了世上的杂音。雨后是不是特别静？万物垂首静默。雨下在树皮上、下在鹅卵石上、下在牛屎上、下在如皮革一样坚韧的草上，之后突然停了，那么多的音响停止了轰鸣。如果不下雨了，还下什么呢？万物在等待那个东西。那个东西来了，它是鸟鸣。如果不是爱出风头的鸟儿打破了寂静，世界还将静下去，谁也不好意思用声音扰乱暴雨造出的寂静。蚂蚁的腿都麻了，但并不翻身，怕翻身触碰草叶发出的轰响侵犯寂静。鸟鸣之后，世界就乱了，鸟鸣带来了更多的鸟鸣，你听到积水咕咚咕咚往树洞里灌，蚯蚓开始钻探，獾子边跑边放屁，风用刮雨器刮下树叶上的积水。乱了，太喧闹了，跟雨前一模一样，也许更闹了。雨把空气中的脏浊化为污水送给大地保管，花朵抹去脸上的雨水浮出地面，极尽娇艳。树看见自己的道路更近了，更近的意思是它几乎看清了天心，那正是它要去的地方。

树带着所有的树枝上路，树的终点是天上的星辰。它们是洒在蓝丝绸上的白蚕豆，是隧道尽头透进的光的白点，是永不融化的黑冰里的化石。树是大熊星座下的烛台，烛花是春天才开的花朵。树走在天空的道路上，路上洁净无尘，它的同路人是鸟儿。鸟儿虽然夜里在树上睡觉，天亮便径自飞走。树看到最多的是鸟的腹部从天空划过，像从海底看头顶游过的鱼。树回头看到身后的青草，青草永远跟在树的后面，跟着跟着就枯黄了。树觉得草倾尽气力一生才长两寸长是吝惜气力。蝴蝶在春天为树送行，它趴在树的苞芽上叮嘱。蝴蝶说天上的云团实为成千上万的蝴蝶的集合，风把它们推到大海的对岸。

树不怕自己走得慢，慢是大自然的美德。大自然带来的所有伤害都与快有关，洪水、地震，都是它内部的一个表针突然走快了，然后继续慢。慢是美，山峰从地面爬到天空时间用了多久？雪花从天空降到地面有多久？树木把所有营养均匀地输送给所有枝条，让它们上路，走向天空。从春天开始，有多少树的孩子往天上走？大树小树，每根枝条都是它们的孩子，最老的柳树也托举着稚嫩的孩子走在天上。春天，没有哪一棵树的孩子不出门，它们的父母把这些孩子打扮得漂漂亮亮，让它们穿上了新衣裳，有的枝头开着花，那是孩子们头上插的花。玉兰哪里是花，它简直是一份大礼，朵朵都似白玉杯。树枝走到天上去，不能像杨利伟那样空着手，要带点儿东西。丁香花紫里藏白，四片花瓣打开后，树上贴满了清香的鳞。没有桃花就不算春天，桃花让人痴，让人相信未来，相信一见钟情。桃花离果实很远，离笔墨宣纸很近。桃花是一件事情的开始，也许是情事的开始，也许是飘零的开始。桃花落地比在枝头好看。梨花盛时如山野暴动，一树雪白衬在绿草之上，密到白到发疯的程度，人除了目瞪口呆并无什么办法。沉寂一冬的大地被梨花吵闹，在乐队里，梨花是锣鼓，铺垫好戏登场。连翘即迎春，它是灌木上的花。它虽然有一个药房的名字但不失娇艳。自然界最艳的色彩不是红，而是黄。黄颜色连接着苏醒，它是乐队里的女高音。金色的蜜蜂飞进连翘的花蕊，你觉得它的家不是蜂房，而是连翘，它俩是一家。

树带着花朵的礼物供奉上天，杨树没花用小绿叶凑热闹，松树用松针为春天掐表。所有的枝条对着天心。走吧，树木，天空有无数条（片、块）道路等着你。树木不管土地泥泞，不理会砾石、杂草和未化的冰。树的眼睛只盯着天空，看着看着，它发现自己的肩膀长出叶子，像披肩又像托盘，下完雨上面留几滴雨水。叶子宽大之后，树梢看不清脚下的泥土，它的眼里只有杈椏，夜晚眼里是星辰。月亮从云的缝隙查看每一棵树。虫子在地下翻落叶，如翻旧书。树往天空走着，边走边吐出更小的叶芽。如果是茶树，这些叶芽就变成了茶。树不知离天空还有多远，它要一直走到秋天。

最好的树被上天领走了

大兴安岭的林地里见不到土，土被落下的树叶不知覆盖了多少年。土珍贵，被树和草藏在了脚底下。土是树和草的母亲，是冬眠小虫的庇护地，是河流的围墙、万物的故乡。松树在蓝天下晾晒松针的翅膀，仿佛飞了很久，飞累了。青草和花朵在松软的树叶上面下棋，成缕的光线斜射过来，照在它们的棋盘上。鸟儿在树叶间自问自答，如同背诵一篇荒疏的课文。忘词的时候，鸟儿拍拍翅膀，飞向另一棵树。

养蜂人、采蘑菇和养鹿的人在林里待久了，不自觉地模仿树的表情。树的表情是倾听的表情，不像人那样喜怒分明，那样挤眉弄眼。树一生都像倾听一个故事，听小虫在草叶里翻身，听地下的河流从哪里拐弯，听松果落地翻滚。养蜂人的眉毛像前额长出的草，养鹿人双眼明亮，采蘑菇的人手指轻得像树叶。他们如果站在树边照相，和树的表情一样——沉默、谦卑、自尊，树把他们视为同类。

大兴安岭的树里隐藏着英雄，它们是被雷电劈焦的树。在冠盖青翠的树林里，雷击木无枝无叶，黝黑兀立。此树瞬间化为此状，好像在往天上看。天上蔚蓝宁静，是一道白云川流的河床。

我替它惋惜。当地人说，这是好事，最好的树被上天领走了，被雷劈的树都是树里的精灵。见到雷击木，当地人的表情肃然，仿佛树是替他们死去的。

我摸这棵树，开始有点儿不敢摸，仿佛乌黑的树身都是伤口。

一棵松树在一个火球里完结一生，比遭受电锯杀伐好，比被肢解为板材也要好。它的千万根松针被火球摄走精魄。在雨中起火，又被雨水浇灭，或许这是诸树求之不得的宿命。

当地人送我一个雷击木做的护身符，两寸长，一寸宽。此木一面焦黑一面白，烙铁在白茬处烙上吉祥如意的蒙古文。我摸这块木头，心想这是不是在摸一位高僧的舍利呀？它还是木头，而它的精神随雷声升天了。被雷劈的木头，在此世一无所怕，既避邪，又吉利。蒙古族人所说的吉利，与汉族人所称避邪，意思同一。

最坚韧、最抗打击、最像石头的植物是树。树身的扭曲，是它抗争的证据。树身不管怎样虬屈，它散开的枝叶都从容祥和。树歪了，但树冠不歪。一棵从石缝儿长出的树付出了比其他树更多的力量。树没有机会选择生长地，它只专注于生长。看老树，火烧虫啮是它们的必修课，每一棵都是伤痕累累。风或鸟儿把树籽从远方带到此地发芽，孤独是树的宿命。树的枝叶摸不到夜的深处，风要把树带走。披头散发的树与风争了一辈子，换来一身骨头。看树叶的样子，即知树的心里在微笑。活到这个境界上，万事皆可一笑。况且，小鸟飞到树上做窝，鸟儿在树叶里谈恋爱，让树高兴地沙沙响。更小的粉虫子在树皮上爬，把树当成了山。

我闻一闻这块木头，没松香味，也没有焦煳味。这块木头——这只是我想的——身上藏着雷电，或者说雷神在此，秽物远离。牧民认为雷击木是来自天上的东西，他们把雷击木放在家里，威慑猛兽毒虫。大凡森林野兽，都怕雷电。这块木头一定用特殊的气味或波长喻示雷电来过，人不知，毒虫却知，绕道远飙。

坐车走过大兴安岭，间或看到一棵雷击木，它周围的树依然翠绿。树啊，莽莽苍苍布满山岭。树并不认识它周围的树，但如同兄弟姐妹。这棵雷劈过的树仍站在它们中间，无枝无叶，一身骨头，为众树避邪，它是开过明亮的火花的吉祥木。

柳树趴在河边喝水

我妈说，柳树上辈子是渴死的。每每看到柳树趴在河边饮水，我就想起我妈说的话。柳枝一挂一挂垂下来，伸到河里饮水。我妈不愧是我妈，说得真对。你看细长的柳叶好像是绿嘴唇，树叶长成这样就是为了喝水。

河边多柳树。它们从远处走来，走到河边不想走了，低头喝水。我在高唐县的河边见到一棵大柳树，它的一多半枝条垂向河面。如果不是树根拽着，它早就掉进河里淹死了。但它的柳条离水面还有两三寸。一个干渴的人的嘴离水杯的水还有两寸是什么滋味？这棵柳树快急死了。我想，柳枝需要多长时间长出两三寸呢？半个月，也许一个星期。这怎么能行呢？我上前摸了摸柳树斑驳的树干，说："柳树啊柳树，你幸亏遇到我啦。我妈说你上辈子是渴死的，估计你上辈子生在巴丹吉林沙漠。过去的事就不提了，今天我帮你喝水。"我手拽柳枝塞进水里。水面虽然没咕噜咕噜冒泡，但柳枝分明喝到了水。河水顺枝条喝进树干再喝进树根咋的也要十分钟，我不能轻率地离开，要帮它把水喝足。它喝水造成我手酸是不可避免的，但我不能老拽着柳条，别人看不出来我这是做好事，倒是像傻子。话说怕啥来啥，这时一个人从河边踱来，当然他是高唐人。他走到我身边站定，背上手，问："你干吗呢？"

我怎么回答他呢？他妈肯定没跟他讲过关于柳树的话，他妈不算是一个称职的妈。贵为人母，你难道不应该告诉孩子关于水和植物的道理吗？你生出孩子就不管了？让他到处乱问话。

"你干吗呢？"

他又问。他四十多岁，腰围约九十厘米（两尺七寸许）。头发白一半了，穿方格半袖衫。我问他："你妈多大岁数了？"

他一愣，手不背了，说："俺娘七十一了。"

"身体咋样？"

他高兴地咧开嘴，说："俺娘身板好着哩。"

我用另一只手向他摆了摆，这只手继续帮着柳树喝水。

他咧着嘴向我摆摆手，走了。可算走了。

柳叶的七八个嘴唇在河里喝水，我以手摆柳，这些嘴唇像绿色的小鱼飞游。我觉着柳树比刚才绿点儿了，也可能没绿，我不想争论这个问题。

"你干吗呢？"这人又回来了，从我身后左侧包抄过来，还穿那件方格衫。

"你怎么不走呢？"我反问他。

他憨厚地笑笑："你捋着树头干吗？"

我怎么回答这个坏蛋呢？我说："钓鱼呢。"

"哈哈哈！"他爆发大笑，"拿柳树枝钓鱼？哈哈哈，钓上来没有？哈哈哈……”

他笑着，突然间引发剧烈的咳嗽。看到了没有？瞎问出事了吧？他的气管和支气管不支持他瞎问话。这个人低着头，咳着嗽走了，这回真走了。

这一切柳树都看在了眼里，我私下认为是柳树发功让他咳嗽的，有这种可能。人常说柳树老了成精，没准儿这事就是真的。我对柳树竖起大拇指同时觉得它喝差不多了，我怕再来一个人用山东口音问“你干吗呢”。

我看到树下面有一段尼龙绳，我捡起绳子，找到一块砖头，把它系在柳枝上。喝吧，我对柳树说。上辈子渴死的，这辈子喝个够。

我到了远处，回头看这棵大柳树。虽然已近盛夏，它的枝叶仍然浅绿，好像留着更多的绿色秋天用。秋天的时候，柳树的绿里带一些灰色，好像累了，也许是喝水太多造成的水潴留。人身体的钾钠离子不平衡也会形成水潴留，即浮肿。柳树每根枝条都垂向地面，为了喝水。柳树有点儿像动物里的羊，温驯平和。羊里面的每只羊都像母羊，它们像母亲一样奔走着，以哀怜的眼神看小羊羔。羊比人更早知道羊的命运。每株柳树都像孕育子孙的母树，枝条万千即其子孙。柳树为了子孙繁茂俯在河边喝水，枝条在风里摆动，像回忆又像音乐里的回旋曲。对河水来说，柳枝是从天上降落的梯子，从上面走下来一个又一个精灵。而河踏着柳树的阶梯，经过枝条和树干到达根系，像旅行结婚一样。

“干吗呢？”我回头又看见了穿方格衫的人。他背手站着问我，面有笑意。上天派他第三次来到我跟前。

说什么好呢？我“咳，咳”咳嗽起来。我记得他是咳嗽走的。这人一愣，手捂胸口但没咳嗽。我接着咳嗽，因为真不知道怎样回答山东口音的“你干吗呢？”他转身走了，真走了，带点儿小跑，连头都不回了。原来咳嗽也算一种特异功能啊。

PART 4

果实·丰收篇

高粱从绿色的秸秆里长出一穗红，
长到秋天，
见谁都脸红。
石榴籽的红没有锈色，
光莹似珠。
在植物界，
果实的红都因为花开时未曾尽兴。

▼

杏

小时候，我家那个地方夏天没其他水果，只有杏。冬天跟水果沾边的东西是柿饼子和黑枣，比夏天还多一样。对小孩儿来说，萝卜、青椒、茄子都是水果。吃到嘴里“咔嚓咔嚓”响的就是水果，同样是水果的还有大白菜、小白菜、圆白菜、酸菜，均“咔嚓”。但真正的水果是杏，它结在树上，须仰望。菜嘛，是低头才看到的。杏仿佛知道自己的珍贵，它是内蒙古自治区昭乌达盟赤峰市夏天唯一的水果，由青而黄而橙黄挂在树上。那时候，赤峰市街里没几棵杏树，没把这些杏树砍掉也是怪事。东园子有两棵，西南园子有两三棵，全赤峰的小孩儿全惦记着这几棵杏树上的杏，成群结队去杏树人家的墙外看杏，指指点点，咽唾沫，问自己“这辈子能吃上杏吗”？离我家近的西南园子的杏树是“坐地户”的树，树下拴一只大狼狗，红舌头垂在胸前。我现在见到杏仍然会想起狼狗和下垂的舌头，但见到狼狗想不到杏。我们远远望着杏树，慢慢移动脚步，人群变成扇形。脚稍稍一动，狼狗抬头吠叫，使我们退两步。我们退，狼狗默许，然而移步向前，它一定要吠叫。狗叫为什么要抬头呢，它的嘴冲着天空才叫得出来。离得远，杏们是小黄点儿，藏在绿叶里。想看细致点儿，狗不让了。有一天狗被牵去配种（在没有微博微信的时代，狗配种的消息是怎么传出来的呢），我们到那棵树下把杏尽情地看了一遍。熟杏不愧叫杏黄色，除了红辣椒，它比任何东西都鲜艳。杏上仿佛有一层小白毛，又像结着霜。那天杏上挂着晶莹的露水，简直漂亮极了。杏在枝头挂着，已经看出其质地绵软，远胜“咔嚓”。咔嚓多么低等。我啃了多半个白菜，肚子已经撑得如皮球才尝到一点点甜味。杏多高贵，挂在树上让人仰望并咽唾沫。狗仰脖子才叫得出来，人仰脖子却咽不进唾沫。配完种的大狼狗美滋滋地回来了，我们猢狲散尽，离开了亲爱的杏树。

那时候，课本上画着别样的水果——苹果、鸭梨、香蕉，它们总是在算术课的加法运算题里出现，我们以为这是不存在的东西，它只在上算术课时才存在，就像凤凰并不存在却有凤凰牌自行车一样。然而杏让我们知道除了糖之外世界还有甜的东西，比如杏。我们知道了杏之后，同时知道了我们的舌头没白长。它除了品尝玉米面窝头之外，还预备着吃杏。眼睛也没白长，可以看到杏。晶莹橙黄的杏挂在枝头，肩膀上挂着露水，狼狗直着脖子吠叫。

我吃过我爸从北京买回的杏但没跟小伙伴们透露。这帮土鳖虫只停留在看杏的阶段就止步不前了。即使他们在讨论中说杏有点儿辣、有点儿咸的时候，我也忍住没说杏的真实味道——甜，略酸。杏的妙处恰恰不是“咔嚓”，人吃杏时，别人是听不到声音的，萝卜才是有声食物。杏具有神秘的绵沙口感。没吃过杏的人见吃杏的人一点儿声音也发不出来，在嘴里抿抿就咽下去了，一定百思不得其解，好像吃杏者嘴里安装了消音设备。这帮馋鬼正打算从吃者发出的声音来判断被吃之物是什么味道，杏让他们失望了，Sorry。

比品尝杏味更妙的事情是双手掰开杏。杏开了，露出比表面更鲜润的橘黄。杏里藏着俗称杏核眼那种双眼皮的杏核。杏如贝壳一样打开之时也没有声音，杏肉有黏核和不黏核的。Sorry，这两种杏我都吃过，但没跟家属院的兔崽子们说过此事，他们会恨死我。我把吃完杏剩下的杏核摆在窗台上晾晒，兔崽子们看到，问了这是啥呀？我支支吾吾说这是中药。他们问："啥药呀？好吃不？"我答治哑巴的药，不好吃。他们确实没吃过杏，连杏核都不认识。这些人如今快六十岁了，童年在饥饿中度过，我也如此。胃每天都在叫喊饿，眼睛像动物一样不断找吃的东西。

我晾晒杏核是准备吃里边的杏仁，还是吃。杏仁味苦。甜蜜之物的心里常常是苦的。家杏仁不及山杏仁好吃。而山杏的杏肉我们都吃过，苦涩，基本不能吃，它的杏仁却有一点点甜。关于杏的赞美之词先说这么多，好像还没有说透，似乎还落下了什么，想不起来了。如果再说，则要说杏这个名字起得好，其音如鸟鸣，突兀，又有一些弹性——杏，还有一些回音。汉字的杏字也造得好，简洁而有美感，像伞下面张着一个口。有一度，我曾想为自己发明一个从来没人姓的姓。先想姓美，后来觉得倘若子孙长得丑就不好起名了。也想过姓飞，姓山，都觉不妥。其实姓杏挺好，在这里推荐出去，谁愿姓杏谁就去姓吧。

桃　子

没见过哪一种水果像桃子这么性感，这么鲜艳欲滴。像是一个人——显然是成熟的女人在哈哈大笑。她的笑声停不下来，颤抖中充满了甜蜜。

我吃桃子没有一口气吃下去的习惯，先看一看它怎么回事。孙悟空为什么喜欢吃桃而不是火腿肠。桃子头顶的红晕证明它此刻正在晕眩中，不知道为什么被人摘下来运到这里，更不知道有人要吃它，否则就要生白晕而非红晕。

熟透的桃子像一位穿游泳衣的女人——又是女人——湿漉漉地站在池边。泳衣是由于丰满而非下水弄湿的。秋天里，所有的水果都在成熟，只有石榴和桃的样子在说自己熟透了。石榴熟透由牙齿暴露。古语称：笑不露齿。石榴把这话听反了，让牙跑出来笑，表明成熟在它身体里的震感比地震还强烈。桃子抿嘴笑，满面腮红。桃子的笑容和它甜美的滋味如出一辙。人吃桃无一不被汤汁弄得败下阵来，和吃柿子败下阵来相仿佛。吃桃的时候，桃的衣服一捏就下来——这一点和女人毫无相同之处——于是手无处可放。光溜溜的桃肉根本捏不住。双手捧桃像猴，好像唯独他一人没进化到位。人捏着弄着吃这个桃，汤汁沾腮，如儿童一般。桃肉不像苹果那么严谨，吃一块是一块。桃不论块，论堆。咬下这堆桃肉却有丝络牵连，汁水四溅。桃衣早已一脱到底。它不像西瓜皮以一厘米的厚度管理汤汁外泄。桃把人吃得有一点点狼狈，像日本人那样越来越哈腰，吃完紧忙擦腮帮子，狐疑低头看衣襟左右是否沾上绯迹。

桃欢乐，人吃桃从头到尾这套动作，显示着桃的欢乐。桃子有一点儿恶作剧，有一点儿大咧咧，但甜美。桃子的祖传家训乃是甜美，用不着转基因再甜美。什么人就是什么人，三岁看老包括桃，岂有他哉。桃子不哭泣，下雨天挂在枝头的桃子也像游完泳的孩子一样欢笑。世上有人哭就有人笑，命运分配给桃子的任务是笑，那就笑吧。哈哈哈！哈哈哈哈！哭不缺少理由，就像笑不需要理由，哈哈哈，我看见桃子就想笑，哈哈哈！我奇怪卖桃人守着喜笑颜开的桃为什么不笑呢？要等到电视里的春晚语言类节目上场才笑吗？

很久以来，人类开始鄙视自身的胖。桃不然，无桃不胖。桃明白，牛胖了被宰，牛如果瘦成一条蛇更容易被宰。桃不想像核桃那样用皱纹伪装聪明，核桃如果聪明就不应该香脆而应该像杏仁那样苦。核桃仁的形状尽管像人的大脑但它一秒钟也没思考过。木瓜虽然像人的乳房却一滴乳汁也挤不出来，茄子更挤不出来。

桃给世界带来了什么？甜美的果肉，笑，还有桃花。桃花绯红，如同春天里落地的粉红轻云，十分适合釉上彩。桃花落在渠水里惹人怜惜，桃花落在驿道让人伤别，桃花被风吹到春天的粪堆上宛如命运不公，好像比苹果花吹到粪堆上还不公。可见桃子在桃花时代就引人注目。人类早就用桃花阐释命运。算起来，桃花运不算什么好运，逃离桃花才转好。陶渊明说的那位打鱼人“忽逢桃花林，夹岸数百步，中无杂树，芳草鲜美，落英缤纷”。这片林子走完了，“便得一山，山有小口，仿佛若有光。便舍船，从口入”。是说，世外桃源原本跟桃花林没关系，跟“山有小口”有关，是俩地方。打鱼人从小口进入村里，见屋舍俨然，阡陌交通，此文没再提桃花的事。

苹　　果

那天我走在街上，水果店的卷帘铝门“咔、咔”拉起来，让我看到了一个美满的世界：灯光下，黄的杧果、红的西红柿、绿西瓜和大白梨摆成一个个斜坡，像提醒人们别忘了世上如此多鲜艳的色彩。我进去逛了逛，检阅这里的新疆枣干、鱼雷式的榴梿和伊朗椰枣。我看到胡乱写在纸壳上的“伊朗椰枣”几个字，不由想起《一千零一夜》的故事，觉得有一种水果应该叫“阿拉伯神灯”才好。我看到挤在一起的苹果，突然感到苹果们好像是一群客人。我的意思是说，它们不像是食物，像一群兄弟，刚刚从早晨醒过来，脸上带着回忆的表情。

我拿起一个苹果，看哪边是苹果的脸。员工喊：不许挑。我哪里在挑，我在想苹果在想什么。苹果，盘子里、桌子上、网兜里的苹果都像客人，平和圆满，带着正派的鲜艳与富足。苹果安详，它的笑意在脸上转了一个圈。还可以想象，柚子是厚皮大象，西瓜是农夫，栗子是蚕蛹的堂兄弟。

有表情的苹果可能在回忆着树上的事情。月夜，苹果从枝头看见露珠的光亮，月光照着苹果没被晒红的另一边。结苹果的果树显得比其他树更富有。假如树会走动，松树和杨树都要走进果园参观结苹果的是什么树，这是树里的奇迹。松树猜想苹果有没有松香的味道，所有的树都有一个愿望：吃苹果。它们想知道苹果是什么味，有没有土和木头的味，而苹果树缄默微笑。假如告诉树们，苹果香甜，它们会更疑惑：苹果树从哪里找到的甜，难道土里有甜吗？

苹果的笑容从红的那一天开始一点点加深。秋天，从哪一个角度看它都是热烈的笑脸。我看到苹果就想起“满足”这两个字。苹果满足什么呢？它好像比其他水果心里都有数，不像柿子一肚子稀粥。山楂红得过分且很酸，苹果一心一意的甜。

我在农村看守果园，后半夜总像听到笑声，不是风吹树叶的声，也没有下雨，月亮也没出声。笑声更不像偷苹果人发出的，他们笑也要回家笑。我背着那杆没枪砂也没火药的鸟铳巡视，果园很安静。回到窝棚躺下，笑声又隐约传来，像有人讲故事把小女孩儿逗笑了，又像儿童下五子棋下高兴了。现在想，这该是苹果的笑声，它们个个有那么圆的笑脸，怎么会没有笑声呢？

沙　果

沙果还叫什么名字，不清楚。葡萄有无数别名，如雷司令等等，而沙果只叫沙果。一事一物进入学问境地，就有俗名与学名。拿中国北方的鸟类说，树串儿的学名叫黄眉柳莺，拉丁名 Phylloscopus inornatus，比电子信箱还复杂。练鹊的学名叫寿带，拉丁名就不写了，太啰嗦。从博物学观点说，一物没有拉丁名，就不算是东西，或曰世上没这样东西。美国虽说是创新国家，正规大学的毕业证书、学生致辞，亦用拉丁文，至 20 世纪 60 年代中期止。人也有俗名与学名，二狗子即张国栋，铁蛋乃赵长江，只缺拉丁化。而沙果就是沙果，质朴到家。“沙”，北方话是形容词，与“脆”相对，说口感。而“果”便是果，不是瓜枣菜蔬。

洗好的沙果放进盘子，隔日生出瘀迹，像被人揍了一顿。人遭殴之后有“青一块，紫一块”之相，是软组织挫伤，毛细血管破裂，自身无法吸收呈现的现象。沙果没毛细血管，更没得罪人，何故？此谓氧化。

氧化，是十分好玩的词。我们所说的“衰老”，医家称之为氧化。“老”所以无法被制止，是器官——不光皮肤，包括血液细胞——无时无刻不在氧化之中。“老”是一个不准确的词，氧化才指出事的本质。当病理学家指出某种东西具有“抗氧化”功效时，譬如维生素E、红酒、蜂蜜等，等于说它可以减缓“衰老化”的过程。

有一次，和一位从日本回来的医学博士饮酒作乐。席间，我发出喟叹，曰：“这几年俺氧化得挺厉害！”海归博士听了，先笑后呛，嘴如喷头一样将啤酒喷出，使其邻座沐浴。我问：“说氧化不对吗？”博士用餐巾揩邻座人西服，说：“对是对，没这么说的。”

跑步提高抗氧化能力，烟酒乃至膏粱厚味促进氧化。人和人，比的不是不氧化，而是谁氧化得慢。人称赞人：“多年轻啊！”用科学的术语说，即谓“多不氧化啊！”或者“跟没氧化似的。”啧啧！

不光有机物氧化——人当然是有机物——无机物也氧化，铁，甚至水泥也由于氧化的原因失去了原来的性质，老百姓叫“到时候了”。水泥是无机物，泡在红酒里也氧化。人泡在红酒里或用红葡萄汁洗澡，也阻挡不住老。外在的东西只起到减慢的作用。然而生活的道理不在有无之中，而存快慢之内。

沙果氧化得很快，每一个都像打过群架。它们比不了人，以精密的血管网络运送养料及排出废料，人之脸色因而比沙果好看一些。我最近看了一些回忆录，胡适的，胡蝶的，还有美国前总统胡佛的。看完，想他们说这说那，主义呀，境遇呀，纷纷扰扰。到底说什么呢？套用鲁迅的话说：我横竖睡不着，仔细看了半夜，才从字缝里看出字来，满本都写着两个字：“氧化”。

氧化吧！去旧可以更新。

大　枣

在我小时候，玩具不是用别人为你制造的，要由自己完成，或去自然界寻找。有一次，我们发现军分区的一个小子从兜里掏一下，用虎口环着给我们看一样东西。

“大枣！”他说。

我们啧啧。真是大枣，这家伙竟然有大枣，多富！然而他松开手，原来“大枣”是把中指的第二指节用红墨水染的，再一攥，挺好。我们纷纷在中指涂上了“大枣”，走在路上有一个指节是红的。说起来令人羞耻，我们那时已经上中学了，隐约也上过物理化学课程，但多半时间在学工劳动或挖防空洞。同样令人羞耻的还有，我们没钱买红墨水，便到学校偷。几人伙着到老师办公室，天真烂漫地汇报最近遇到的事，把老师的视线挡住，偷红墨水。一瓶红墨水咋也染五六十个“大枣”。

手上有了“大枣”，要赶紧向认识的人演示一下，看他惊讶与馋的表情。如果他可怜地央告“给我一个吃行不”，那就太令人开心了。一般说，欺骗，目睹别人流露欲望时的可怜，以及迅速戳穿这个把戏，这些因素会构置一个好的游戏。当被蒙骗的人发现“大枣”是你突然伸直的一个指节时，他的失望与恼怒亦可观。他也会四处找红墨水，让别人仰慕大枣而暴露可耻。

游戏流行得很快。当你神秘兮兮地对别人说“大枣”时，他傲慢地仰起鼻子，也把涂一块红色的手指晃一晃时，这个迷人的游戏就接近了尾声。我们为了维护它的活力，曾跋涉很远，到金鱼胡同和榆树林的回族居民区演示，但那儿也有了。

后来有人把这个游戏演进为画老太太像。在中指关节画个老太太，由于皱褶的原因，人脸在屈指时似笑，伸直则近于哭了。这也行，但为什么没有“大枣”深入人心呢？因为后者是美味。在当时的中国，能常常吃到大枣的人，不是一般的人，我们都没见过。在电影芭蕾舞剧《白毛女》中，成排的倩女穿着短而肥的裤子立足尖罗列而出，全留大辫子。我们对伊的身段容貌尚无思慕之心，但对每人端着的（道具）大筐充满觊觎之意，里面堆着冒尖的大枣。

歌词曰：大红枣儿甜又香，送给亲人尝一尝。一个枣儿一颗心，哎嗨嗨嗨哟嗬……云云。

当兵多好，有这么多的枣儿源源不断地送来。歌词说，枣儿这东西“甜又香”，这的确是不错的。而吃枣，姑娘说是“尝一尝”，多客气，我们认为每人只允许吃一颗才叫尝，而她们明明有十多筐。歌词写得真好。

在没有游戏的日子里，我们成排坐在盟公署家属院后墙底下，缄默着。没有书读，当然也没有电视，没有打架或武斗的场面可供观看。常常一直坐到太阳落山。我们希望有人给我们讲黄天霸、《海底两万里》、《牛虻》，或随便什么历史上发现的或人们编出来的事情。但没人懂这些事情。而懂得故事的大人们，都要噤声。

高粱与石榴

说高粱是庄稼里的石榴未尝不可。

高粱暴露自己红扑扑的脸膛，石榴只露出牙齿，像煮红的鱼子。

见过高粱，你就要钦佩。它们把粮食举在头顶，而不像玉米那样把玉米棒夹在胳肢窝。高粱高举着米粒向天告白，也可说举起了一炬红烛。高粱壮烈，高粱不穿军服也像个军人，不像有人穿着军装也像小人。高粱像跋山涉水的游击队员，身子一动就唰唰响。高粱的叶子像一片片扁刀，割秋风、割露水，高粱不是好惹的，它私蓄一肚子酒精。

人在瓶上看到“大高粱”三个字，就知道是酒。而瓶上若有——大樱桃、大谷子、大香蕉则不知所云，也没人管谷子叫大谷，它是小米的前身。高粱的穗子不是白白红的，山野里一嘟噜一嘟噜的红，比鸡冠花还像炭火，高高在上。高粱酿的酒一腔凛然。酿造五粮液的五种粮食，最有爷们儿风骨的只有高粱，一味阳亢。而大米与谷子旨在调和婉转，高粱是点火烧荒的当家人。

从分子化学说，高粱米含有鞣酸和胶质。而且，高粱一煮就开花，从心里绽放的花，好像禁不起别人歌颂，歌颂就开花，人吃起来不太禁饿。高粱造酒性烈，一煮就开花，没酿没煮的时候，脸红得已经不行了。高粱不是一般人。

石榴是富贵人的爱物。旧时人物，堂上倘若挂一幅石榴，一定是祈生子孙。石榴胸藏百籽，让不生育的人羡慕极了。这个籽，也被寓示子夜的子，一元之初。又是子鼠的子，生肖之长。所以，石榴龇牙咧嘴大笑之际，已被人间看出了福气。好多人求画家画石榴，而石榴最不好画，画不好就像黄梨或小倭瓜。画石榴开口更难，它不让你写意也不让你写实，中国画的表现手法在石榴这儿得不到发扬。

石榴为什么会炸开呢？是方便小鸟啄食吗？这么说并不是不讲理，而在讲道理。鸟啄石榴，把籽包裹在粪便里，带到异国他乡，这正是石榴开口笑的理由。石榴汁可以治疗痛风，治疗风湿痛，却不知有多少人的牙齿与石榴籽纠缠不清，牙跟牙打了起来，一个要嚼，一个不让嚼。看一个人吃石榴能看出他对生活有多少耐心，虽然生活的纠缠不清甚于石榴，比石榴苦得多，但他甘愿忍受却不愿向石榴妥协。人们想像吃西红柿一样吞吃石榴，却吐出一粒粒残红的牙。慢慢地吃石榴，时光情愿为你停下来。你发现一粒石榴籽也是一座时钟，藏着甘美的光阴。石榴籽像一颗颗鱼的眼睛，在石榴皮里互相凝视。

高粱从绿色的秸秆里长出一穗红，长到秋天，见谁都脸红。石榴籽的红没有锈色，光莹似珠。在植物界，果实的红都因为花开时未曾尽兴。

美丽的葡萄

“葡萄。”我爸说，然后摘下一粒放在嘴里咀嚼。

我和姐姐甚至没听清，什么桃？也摘一粒放在嘴里。等我们把这种酸甜莫名的多汁之物咽进肚里后，我爸把葡萄皮吐出来。

“吃葡萄要把皮吐出来。”他意味深长地看我乜一眼，又说，“籽也要吐出来。”

我根本没感觉出它还有皮和籽，而诧异于我爸能够弄来这么奇特的东西。一粒粒紧密地挨着，像把鱼尿泡系在了一起。如果他不说能吃，我以为这是一个摆设之物，工艺品。

“这叫什么？”我扭捏地又问一遍。

“葡萄。”我爸说。

“在哪弄的？”我不知这是他制造或怎么弄出来的。

“买的。”

世上还有卖葡萄的？我从未听说过这件事，也就是说这么好的一件事始终瞒着我在人间发生着。

葡萄，我默念着这个古怪的名字，吃葡萄的速度已越来越快，引起我姐的抗议。她说刚刚吃一粒，我已吃两粒甚至三粒了。葡萄，我管不了那么多，这个词在脑子里此起彼伏地发出声音。而且，这不能怪我，葡萄到了嘴里之后，自动冲进嗓子眼；它们挣脱了咀嚼，争先恐后钻进肚子里，和我有什么关系？葡萄。

我听说葡萄是冯阿訇所卖时，更惊讶了。冯阿訇住在我们去剧院那条路的边上，胡须银白，脸色干净，向每一个路过的人亲切地打招呼。他家里有葡萄，这就不奇怪了。

当最后一粒葡萄丢进嘴里后，我以极大的毅力把它取出来，放在桌上研究。剥去它的紫衣服，它像雨衣一样光滑。里面的果肉像模模糊糊的绿玻璃球，镶嵌着纵横脉络，籽儿坐在当中，这就是葡萄。但为什么这样就不清楚了，也许冯阿訇知道。它很软，不像苹果或土豆那样脆或暄，咬一下也没有咬梨的“咔嚓”声。

葡萄，那时我会不自觉地吐出这个词，像打嗝一样，像金鱼在水面吐出的气泡。

有一天，我终于下决心去拜访冯阿訇，这距我吃葡萄已逾半年多了。我记得他永远站在菜园对面的高门楼下，衣衫干净，笑着跟人打招呼，嘴唇红润。到了之后，却没见到阿訇。我来回走了几遍，见不到他出来。事实上，那一条街都没有人。肥硕的白菜望不到边，蝴蝶追逐着渠水飞向远方。冯阿訇的家，院门紧闭，里面是树与飞檐的青砖瓦房。我只好回去。

葡萄的事情刚刚被忘记，我和父母上街，不期然见到了冯阿訇。我挣脱母亲的手，飞跑到冯阿訇面前，敬一个礼，说：“阿訇您好！”

冯阿訇被突如其来的礼遇感动了，父母对我的行为也满意。

阿訇问“几岁了，学习好吗”这些问题，我不言语，全由父母作答。

“走吧”，母亲说，又向阿訇解释“我们上街”。

“好，好！”阿訇说。

“不”，这是我在心里说的，我紧握着阿訇的手不动，在心里说“你们上街吧，快走，走得越快越好”。

父母见我不走，有些尴尬。他们觉得我平时并不是这样，说“走啊”。

“不！”我开口告诉他们。

阿訇笑了，用慈蔼的眼光征询他们的意见。

“走啊！”我爸几乎要发火了。

“快走啊！”我姐很急躁，她要为“六一”买一条裙子。

“不！”我紧紧握住阿訇的手。

我爸谦卑地向阿訇笑一下，说：“阿訇，这孩子没礼貌。”

阿訇说：“很好啊。”

我爸把我的手拽开，夹在肋下上路。我不禁涕泣，双脚踢踹，把一只鞋子甩到渠水里，另一只甩到白菜地深处。我姐姐不得不下水并猫腰在菜地里寻找。

那天，他们疑惑不已，互相探讨“这孩子到底怎么啦？”而我，拒绝了他们给我的买小人书、山楂冰棍以及上公园看熊等所有诱惑，心里只有美丽的葡萄园。

唯一的橘子唯一的灯

有一次，我从北陵大街经过一座桥回家。在桥上，偶然发现一个生动的画面：拓宽的河堤上，新鲜的黄土堆出阔大的斜坡，一个橙色的圆点从上面缓缓下移。那时是暮冬，在铅云与枯树的背景下，黄土以及上面的橙红非常抢眼。仔细看，才知道这是一个穿橙色衣裤的孩子在堤坝上滑行。

我很感动，好像体味到一种深远的寓意。想了想，又好像见过这场面。一路上，回忆在哪里见过此景：黄土大堤上的橙衣小孩儿，没有。我很奇怪，记忆似乎又与什么东西串笼了。

那天随手闲翻一本油画集，有幅画差点儿让我跳起来。

《唯一的橘子唯一的灯》，作者是奥地利的埃贡·席勒。这是一幅铅笔水彩。

画面简洁，床、墙壁与门都未敷色，淡黄调子，在赭石色的衬布上放一只橘子。席勒将这只橘子诗意地称为“灯”。我第一次看到这幅画时，曾感叹作者的内心多么岑寂，珍惜着来自外界哪管是一点点的温暖。这种感受进入记忆之后，竟然一直活跃着。它一旦与生活实景的相似场面相遇，就会跳出来，如北陵大街桥头的一幕。我在桥头看到缓缓下移的橙衣小孩儿，心里也生出无端的伤感，仿佛替这孩子的寂寞忧伤。可见艺术品潜入人心的时候，场面中央带着情感，不同于实景。

席勒短命，不到三十岁便迈入天国。他是表现主义鼻祖克里姆特的学生，具有卓越的线描才能。他笔下的人或物一反克里姆特的唯美，线条在惊人的准确中艰涩、打结、抖颤，表现人物的手与脸时尤如此，活画出人心深处的焦虑。也许受维也纳心理学派的影响，席勒比其他画家更逼真地反映了人类具有神经症特征的内心惊惧。席勒又是一个受到东方艺术影响的画家。正如克里姆特深浸于日本的浮世绘，席勒笔下偶尔会有中国画的意味，他的《带金钟花的李树》与《向日葵》画面上可以看出朱耷的意味与张力。当然，在淡泊宁静的中国画的领地里，席勒只是身影一闪的旅人。他的内心太不平静了，与东土的笔墨意味并不相容。席勒以粗放的绘画语言真率地表达的敏感与困惑，让观者内心久久不能平静。在《唯一的橘子唯一的灯》里面，你可以感到那只橘子在呼吸。它渴望过、憧憬过、哭泣过，像他纯真美丽的妻子伊迪丝。

翻画时，我对未来寄寓过一个幻想，希望有一天会遇到黄土大堤上的橙衣小孩儿，把这幅《唯一的橘子唯一的灯》送给他，说当年的感想。也许那时我已衰老，而他健壮年轻。这人拿着画惊讶地说："是吗？当年会有这样的事……"

生活所以值得留恋的理由之一，是我们能够挽留并重温一个已经逝去的旧梦。

有的树忘记了结果子，有的树忘了开花

我像陶渊明写的武陵打鱼人一样，“忽逢桃花林，夹岸数百步，中无杂树，芳草鲜美，落英缤纷”。桃树不高，约齐吾肩。树的怀抱比我两臂伸展还宽，花瓣如枝头黏的假睫毛在风里呼扇。静卧地面的花瓣约与枝头的一样多，我没挨瓣数，怕记不住。在刚冒芽的青草上，桃花瓣铺了一幅疏落的布单子，仿佛等着谁来躺下。我看能来的只有蚂蚁。如有人躺在桃树下看天，跟死了差不多。落下的花瓣在微风里翻身，如翻一只只小碗，最后靠在青草的怀里。在桃花林里走，如见桃树举着花枝欢呼，只是没声音而已。有一棵树无花，也是桃树，枣红的树皮闪亮。它如合唱队里的一位沉默者，比开花的桃树更醒目。这棵树身旁的桃花或盛开或零落，只有它仪态如初。如开花之前和开花之后的树。它比别的树更镇定，用自己的方式度过春天。

我细看这棵树的枝头有苞芽，还活着，只是没开花。此树因此具备别样的风致。它丝毫不为不开花而显出羞愧。既不向春天投降，也不背叛桃树。树有时可以做一些事，有时也可以不做。对树干树枝树根来说，开不开花都不算什么事。开花不是招摇，不开花也并非炒作。只是，在花事迷离的桃林里，有一棵不开花的树。因为树不可言，就无须接受采访，解释自己为什么不开花，省下了道歉的心而专注地做一棵树。

我在夏季的果园里也见过不结果的果树。我很为这样的树叫好，窃以为果树为结果耗费过太多气力，从树道而非人道看，树完全可以自由选择结不结果。杨柳不结果，松柏不结果，石头和云彩都不结果，都过得很好。我想到低矮卑微的苹果树，衰老的要用木棍支撑果枝，它还在结果。它是怎样从枯干的树枝里咕嘟咕嘟结出一只又一只鲜红的大苹果呢？咬一下苹果枝肯定不甜，它把甜都呈献给果——这个长着叶柄的、等人摘走的、没人摘也会落地的、注定远走他乡的孩子。因为想念孩子，苹果树来年再生出新的果，看它们在枝头长大，变红，再被人摘走。苹果树以其结果，跳不出轮回。我见过的那棵不结果的果树，肯定受到树主人的叱骂，主人甚至用农药威胁过它。但树不结果，用手在枝头挤也挤不出果来，喷农药更不出果。

愿意不愿意只是人类的想法，事实上，有的树可能忘记了结果子，有的树忘记了开花。杏树在夜半醒来，看到枝上的花朵也许会吓一跳，以为落满了蝴蝶，月光用细针把蝴蝶钉在了那里。它自己开花，自己却忘了。树从枝头的花瓣望过去，树梢全是花，与月色搅到一起，如同被水淹了。不开花的树如同没穿衣服的夜游者。它们手上不仅没有花，连衣服裤子也没有，赤裸裸地走在月光下。它看花的树林，仿佛闯入一片海，或者说沉入海底，遇到望不到边的珊瑚。

开花时分，不开花的树会在树林里迷路，鼻子会因为花粉而发痒。身边都是花，它搞不清两边铺着青草的小路在哪里，河流在哪里。它不知道开花的树是从哪里找到的这些花朵，藏在身上在什么时间又开出来。

树把戴够了的首饰扔给青草，青草顶着小花帽隐藏在月光下。月光最白的子夜，树下的花瓣如同树在水中的倒影。不开花的树的脚下也吹来了花瓣，仿佛是从它的枝头落下的。在花树里，不开花的树如同披了一件黑色的雨衣。

不知哪一年，会轮到哪一棵树不开花或不结果，它们也许懊恼，也许庆幸，也许无所谓。树没有年的概念，甚至不知道什么是春，正如它们不知什么是秋。树的身体和灵魂里找不到一种叫思想的东西，因此比人类活得更长久。

绿屁股柿子

神经哲学家（亦称哲学神经学家）说，人的潜能与他所运用的显能相比，后者只占百分之二左右。也就是说，每个人都揣着百分之九十八的潜能浑浑噩噩地度过了一生，自己不觉。

我闻此学说挺惊讶，还有那么多的潜能没发挥，岂不是捧着金碗讨饭吃吗？一定要把它们找出来运用。我坐那儿想潜能。潜能，出来吧！闲着也是闲着。但潜能不动声色，要不咋叫潜能。我回忆自己的显能。胡琴、笛子，水平太一般。作曲，我七岁的时候作过一回曲，时比莫扎特大两岁，曲名《拉风匣之歌》，中速，进行曲式，降B调。但没唱出去。我给朋友演唱此曲，还没等唱到副歌——副歌是一首歌曲中最好听的部分，朋友翻着白眼说，像你这种曲，我一天能作一百首。而后，我从作曲界全身而退。其他的显能是当车工、在农村起猪圈、套车、给果树喷药，都没啥了不起。

潜能应该是超凡脱俗的洞察力。我也有一些洞察力，这是针对香瓜而言。别人挑香瓜，用鼻子闻，还有人用手掂量；我挑香瓜，目光一扫就把筐里的好香瓜纳入眼帘。一指，这个、那个，上秤一称，完事。有一次，我对卖香瓜的人说："我把香瓜挑完之后，你干脆回家，剩下的没法吃。"那人（一农夫）眼光发亮，用粗黑的大手捧着我的手说："大哥，我算服了你了。"什么是"服了"？即在实践中自然而然形成的威信。我在香瓜界威信挺高。

我与香瓜在心灵中形成默契，像组织部与干部之间的关系一样。谁好谁坏，一看就明白，还用闻、用捏吗？笑话。吾妻乃香瓜发烧友，她见了香瓜一般是一口气连吃四个，吃的时候表情专注，另一手像女游击队长一样掐着腰。她自己也挑香瓜，但水平没法跟我比。她对我作一赞语，赞曰：你挑香瓜可比写散文能耐大多了。

除香瓜外，我的另一种洞察力是挑西红柿。好柿子有棱，不是红色，而是粉里透一些白。还有一特点是屁股要绿。那些像猴屁股一样的红屁股柿子不是用了催红素，就是摘早了捂的。绿屁股柿子乃天生丽质，皮厚汁多。吾妻在吃香瓜的时候，我一般在吃西红柿，也是三至四个。吃完，我想象着莹洁的、像鱼子一样的西红柿籽在我肚子里游行，是一件高级的事情。有此潜能，我也该知足了。

PART 5 / 大地 · 致敬篇

赞美大地，

它包容一切又生长一切，

不排斥一切好人坏人在此生活并死去，

大地有办法降解一切废物并把它们变成万物更生的养料，

给每一样东西赋予新意。

▼

每个人理应赞美一次大地

每个人理应赞美一次大地，那是他们最终要去的地方。

但我们好像要想一想才想起什么是大地。它不是水泥地（水泥是大地的禁锢），不是楼房（楼房并不是土地长出来的东西，而是政府与商人合造的商品）。大地也不是街道（地在街道底下）。大地是长庄稼的地吗？

长庄稼的地叫耕地，它是大地的一小部分，可以养人，古人称为田。大地并没少，耕地却越来越少，人类开始在耕地上盖楼，吃饭的问题以后再说。大地上有村庄吗？有，但这是过去。过去，村庄生长在大地上，长在河边，像大地上结的一个葫芦。现在村庄已经荒芜。如果村庄可以衰老，如今它们正在衰老。农人的门锁了好多年，院墙废圮。村庄的主人去城里打工，村庄由于缺少人气而老态毕现。没有鸡鸣犬吠的村庄老得最快。而另一些村庄是被活生生消灭的，政府让乡民进城住楼，把他们腾出的村庄下面的土地用作工业用地和商业用地，总称“发展”。在没有露水、鲜花、青草和小猫小狗的地方总有一样东西旋转，这东西说不出名字，只好管它叫“发展”。

大地还在——其实人说出“大地还在”这话是可笑的，大地不在谁在？——但有时找不到它。想念大地时会想到遥远的地方，比如新疆和青海，似乎那里才有大地。或者在电脑的搜索引擎上录入“田园”、“庄稼”、“湿地”、“保护区”这些词语，看大地的图片，在上面看到野花和绿草，顶算见到了大地。假设我们在城里看不到大地——楼房和水泥地面屏蔽了大地的表面——郊外应该是离大地最近的地方。去了之后，见到了什么？

郊外还在，大地又不在了。我去过的许多城市的郊外堆满了垃圾，可叫垃区或圾区而非郊区。人太能生产垃圾了，城市镶着一条垃圾的项链，城边的垃圾山中间是失地农民住的出租房，所谓大地被压在这些垃圾下面。一些没有垃圾的城市郊区也看不到大地，人们造出一条假的河流，水泥衬底，用水泵抽水吸水。这是像假唱一样的假河，两岸栽种鲜花绿树，但这不是大地的样子，它们不自然因而不属于大自然。

我庆幸我见过大地，比如今的儿童幸运。大地有田但不全是田亩，有荒野、沙砾与河流，野草，树木、动物和昆虫是大地最早的居民。落日好像点燃了一万个柴火垛，月光洒在铺着细沙的河滩，风里有柳树的苦味、河水的腥味、野兔粪便和狐狸的骚味。大地上野花盛开，颜色淡，好像鲜艳会惊扰大自然的庄严。大地无所谓好不好，对草木动物而言，从来没有不好。虽然大地冷冻，动物们缺少食物，但这不是大地不好的理由。大自然不追求公平华美，它的规律是自然而然，此中有和谐。大地从来没想过它会成为最大的商品，成为被排污、被盖楼房的地方。大地原来是人的墓地，如今它是它自己的墓地。

赞美大地，它包容一切又生长一切，不排斥一切好人坏人在此生活并死去，大地有办法降解一切废物并把它们变成万物更生的养料，给每一样东西赋予新意。人与动物的遗体被处理干净变成青草和土壤里的微尘。大地松软，人们虽然看不清大地的脸，但一年四季它有不同的表情。春天，草木开花分明是大地笑了。月光下，大地静谧如霜，这是大地入睡的表情。

人们爱说“走什么样的路，到哪里去”等等，其实最终都要走向大地，这是所有人无法回避的前程，但常常叫作归宿。那么，为什么不事先关注一下大地、赞美这最后的归宿之地呢？大地辽阔，冬去春来。尽管大地之上有丑陋的建筑，但大地时时都在我们脚下，这件事毫无疑问。能够让花开放的是大地，让人得到最后安宁的也是大地。大地超出人的视野，它的身影如同落日的黄金射线。

在大地上看不见大地

地上的阳光，一多半照耀着白金色的枯草，只有一小片洒在刚萌芽的青草上。潜意识里，我觉得阳光照耀枯草可惜了。转瞬，觉出这个念头的卑劣。这不是阳光的想法，而是我的私念。阳光照耀一切，照在它能照到的一切地方，为什么不给枯草阳光呢？阳光没办法只照青草而绕过枯草，只有人才这么功利。

枯草枯了，还保持草的修长。如果把枯叶衬在紫色或蓝色的背景下，它的色彩含着一些高贵，是亚麻色泽的白。它们在骤然而至的霜冻中失去了呼吸，脸变白。阳光好好照耀它们吧，让它们的身子暖和起来。青草刚冒出来都是小片的圆形，积雪融化之后，残雪也是圆形。这是大自然的意思，正如太阳、月亮和鸟蛋都是圆形。你没办法让残雪变成长方形或三角形，没这个道理。

青草好像不敢相信春天已经到来，它们探出半个浅绿的身子四处张望，田鼠刚刚跑出洞来也像青草这样张望。青草计算身边有多少青草，用同伴的数量来决定它快长还是慢长。我很想拿日历牌举到青草鼻子前面：“已经春分了，下一个节气就是清明。”今年我喜欢节气，不打算过月份而只过节气。一年二十四个节气正好比十二个月多一倍，一年顶两年。

阳光洒在嫩绿的小草上，想把它们抱起来，放到高的地方——先绿的青草真都长在凸出的地方。阳光仔细研究这些青草，看它们是草孩子还是老草的新芽。我替阳光研究这件事，发现既有稚嫩的新草，也有枯草冒出的新叶。你看，这就是阳光照耀枯草以及照耀一切的原因——貌似死去的枯草照样生新芽。阳光照在牛粪上、碎玻璃上，房顶废弃的破筐上都有恩典，破筐里正有一小堆虫卵等待阳光把它们变成虫子。

我在荒野停下来，让阳光在脸上静静照一会儿。走路时，脸上甩跑了许多阳光。中医说，脸对阳光，合目运睛有养肝之效。余试之，感到我的眼皮比樱桃还红。体察阳光落在脸上的感受，只觉敷一层暖。阳光的手是何等轻柔，它摸你的脸，你却觉不出它手指的触感。阳光不分先后照在我的前额、鼻子、嘴唇和下巴上，如果光膀子就照到了胸膛上，这是多么大的恩惠。以后不会进入花钱买阳光的时代吧？一平方皮肤每小时收十元钱，照完一张脸需要一上午，比心理咨询还贵。阳光在我脸上看到了什么？这是一张蒙古人的脸，鼻子这样，嘴那样，阳光照在每一个汗毛眼里。我转过身，让阳光照照脖子，否则脖子不乐意，来个落枕什么的不好办。

走在荒野里，看大地出发到远方。在大地上，我看不见大地，只有铺到天边的阳光。四外无人，我趴在地上看阳光在地表的活动情况。

我想知道阳光摊多厚，或者说它有多薄。一层阳光比煎饼薄比纸薄比笛膜还薄吗？

阳光没有褶皱，它们覆盖在坑坑洼洼的泥土上，熨帖合适，没露出多余的边角。

我像虫子一样趴在地上看阳光，看不见它的衣裳，它那么紧致地贴在土地上，照在衰老的柳树和没腐烂的落叶上。进一步说，我只看到阳光所照的东西却没看到阳光。起身往远处瞧，地表氤氲一层金雾，那是阳光的光芒。

阳光照在解冻的河水上，水色透青。水抖动波纹，似要甩掉这些阳光。阳光比蛇还灵活，随弯就弯贴在水皮上，散一层粼光。阳光趴在水上却不影响水的透明。水动光也动，动得好像比水还快。

傍晚，弄不清阳光是怎样一点点撤退的。脱离光的大地并非如褪色的衣衫。相反，大地之衣一点点加深，比夜更黑。

闭上眼，让皮肤和阳光说会儿话，假设我的脸膛是土地，能听到阳光在说什么呢？我只感到微温，或许有微微的电流传过皮肤。伸手抓脸上的阳光，它马上跑到我手上。多快的手也抓不住阳光。

大地吹过锦缎的风

被故乡风景湮没

这些天，我常在梦中与故乡景物相逢。才入睡，一大片风景汹涌而至，遂惊醒。索性不睡了，在枕边怀想冲入我脑海的场景：鄂伦春林区人家的松木栅栏上留着被雨水冲刷过的粉笔字：卖蘑菇；黄河流入巴彦淖尔总干渠里依然是一条大河；呼和浩特大召寺三个小僧人用蓝哈达擦拭金灿灿的酥油灯铜碗；蒙古百灵在乌兰察布草原干燥的风里翻飞啼鸣。

九月份，我从东到西穿越了故乡七个盟市，行车两千多公里，到达了原来只在地图上看到的地方，感叹辽阔北疆，大美内蒙古。

野鸽子站在屋脊检阅我们

临行前，我媳妇说："如果你路过乌兰敖都，去看看我们家住过的老房子，村东第一家。"四十五年前，我岳父带领一家人下放于此，这里是全国第一个牧业合作社。

翁牛特旗乌兰敖都嘎查（村）地处八百里瀚海。我媳妇小时候上学要走十几里沙漠，晚上放学回家看见流沙把后房身吞没了，她索性登沙丘上房顶玩一会儿再回屋。2008年，我们俩探访乌兰敖都，印象深的不是沙漠，而是下车的一个场景：车停下，我媳妇走向路边一位衣服挂着箱子底压的衣褶的蒙古族妇女。她走近站住脚，身体在颤抖。过几秒，她们俩同时喊出对方的名字：“陈虹！”“来小！”扑过去紧抱，一并放声大哭。哭声毕，她们羞涩地、笑嘻嘻地打量对方。她和来小是少年的朋友，三十多年前一起在沙丘上驰骋。但来小那时当上劳动模范了，十九岁上北京出席过九大，是牧民代表。我岳父当时担任过公社书记。我们尊重地看她俩哭与笑，羡慕她们感情充沛而且节奏统一。来小拉着我媳妇的手从村东走到村西，我媳妇表情茫然，嘴里说：“不一样了，全都不一样了。”说了二十多遍。我提示她换换词汇，她根本听不进去。乌兰敖都已经不是沙海里的几间破房子，绿树成行，草场青翠。

这回我看到的乌兰敖都，如同城里的小区。村里蓝顶白墙的大瓦房前后成排，院子砌红砖花墙。原来的石头水井和大柳树的地方开辟成彩砖铺地的文化广场，村巷覆盖水泥路面，路边花池子摇曳着半人高的格桑花。牧民脸上带着适合用油画表现的浑穆的气质。他们看上去不那么紧张疲惫了，神色安适。过去媒体常说到农牧民收入提高多少，如果加上一项村庄美化，就会在他们脸上看到安适的神色。安适是人心深处的表情。一群白胸脯黑翅膀的野鸽子从树荫飞出，站立屋脊。它们互相打量，好像检查谁站得不齐，然后瞪着滴溜溜的眼睛检阅我们。村东头走过来几位蒙古族妇女，整洁的街道衬出她们衣裙艳丽。我忽悟城里人穿衣漂亮的原因之一也是有街道、树木、楼宇作为背景。人穿的是衣服，穿的也是环境。

我去村东看老房子，女主人出来迎接我。她叫巴里香，面庞像镶嵌着花生仁和葡萄干的黑麦面包，眼睛、嘴或许连脖子都在笑。她虽然笑，手里却拎着一个房本。我说："我不是来要房子的，我岳父是政府人，没有宅基地。"巴里香放心了，领我走进她家院子。她家原来的危房翻建成五间大瓦房，大玻璃窗堪比教室。我拍完照片，送她一个大字：好！

村庄像被街灯包裹的橘子

童年读过郭沫若的《天上的街市》——"远远的街灯明了，好像闪着无数的明星。天上的明星现了，好像点着无数的街灯。"这首诗一直留在我脑海里，我尤喜爱街灯在暮色里明亮的一瞬，仿佛暮色睡去，街灯猛地醒来。夜晚进入一座城市，见到了延伸到远方的街灯才觉得进了城。

我这回去过的村庄，广而言之内蒙古现今完成"十个全覆盖"的八千多个行政村，都架设了太阳能街灯。村庄里亮起街灯，是说它挣脱了夜色的捆绑，跟着光明一起奔跑。我们来到扎鲁特旗北部的图布信嘎查（村）时，雨停了，躲在草叶里的水珠在夕阳里大胆地发光，这个村是内蒙古四胡说书大师琶杰的故乡。村里的街巷按交叉小径规划，白杨树掩映着牧民们的屋舍，低矮的院墙外边砌着花池，花朵成了保护院墙的彩衣卫兵。说话间街灯亮了，这些灯低头观看路边的大丽花，还有牧户各家“羊”字变形的镂空黄门。站在公路上回望，村子像被街灯包裹的玲珑的橘子，卧在起伏的山地草原上，牧民们正在橘子里喝酒看电视呢。雨后的扎鲁特之夜，草地黑了。从这边看过去，山坳之间却有一片扇形的天空亮着，中间一段小而圆的彩虹，让人赞叹。

在开鲁县王家店村，我见到一位老太太在街灯下推着婴儿车走，不禁一愣。过去尘土飞扬的北方村庄里没见过谁推着婴儿车走，农民不是买不起婴儿车，也不是没婴儿；村庄坑坑洼洼，雨后泥泞，婴儿车往哪儿推呢？鄂伦春自治旗一位村主任说：“我们这地方没媳妇行，没靴子不行。”他在说笑话，也说人急眼了，路比媳妇还重要。如今村巷硬化，农村牧区终于完成了一件大事，老百姓都高兴。在巴林左旗一个村子，一帮妇女们坐在水泥路面上聊天，东北叫唠嗑。我问：“咋坐这儿啦？”她们说：“这多干净啊，唠嗑还能守家望院。”她们由稀罕自个儿的家，发展到稀罕整个村庄。

内蒙古自治区有一万一千五百多个行政村，现今已有八千多个行政村完成了街巷硬化、安全饮用水、危房改造、设立卫生室以及文化图书室与超市、学校幼儿园修缮、社保低保、通电及广播电视信号的全覆盖。城乡差距正在一点点缩小，农民在自己村庄的文化广场上跳舞，在卫生室看病，在文化室读书打牌，在路灯下溜达，他们的笑容在说城乡之间并没有不可逾越的鸿沟，时代推着他们走出了一大步。科右中旗一位牧民把我领到他家水缸前，拧开水龙头说：“我家的自来水二十四小时不间断啊，这是一百多米深的地下水。”他盯着我，看我是否像他一样惊奇。我知道，如果我不惊奇，就对他过去吃辘辘摇上来的苦井水不同情。然而我的惊奇何止于路灯与自来水，内蒙古大地从东到西，运输砂石料的载重汽车在公路上川流不息，数不清的人们在村庄里弯腰砌砖、抹灰、栽树、打井，秋风把奖章般的黄叶吹到他们的身旁。

吹麦子的风吹过我的胸膛

在呼伦贝尔，我见到了像草原一样辽阔的麦地。麦子铺展到天边时，你觉得它们正越过地平线，翻滚到地球的另一面。如楼房般高大的联合收割机停在麦地尽头，竟只有甲虫大小，一共两台。这是在额尔古纳市的上库力。如果我是这里的乡镇书记，我会天天到麦地视察，敞开衣襟，抃腰，让吹过麦子的风吹在我的胸膛上，吹上一个月，身上比面包还香。我们走过莫力达瓦达斡尔族自治旗。莫力达瓦是达斡尔语，意谓“只有骑马才能越过的山岗”。而我们开车也越过了兴安岭，到达鄂伦春自治旗。兴安，满语里的意思是小山丘，蒙古语的意思是大石头，汉语引申为兴盛安康。兴安这个地名跟神木、福鼎、仙游一样，都是中国好地名。林区行车，视野里满是松树和白桦树。采蘑菇的人们九月份已经穿上了羽绒服，挎着小筐嗖嗖走。他们脚踩着金黄的落叶松的松针找蘑菇，松鼠爬上树顶为他们放哨。看车窗外的獐子松看久了，觉得它们是密密叠叠的城墙，而巍峨的深绿城堡还在更远的远方。车开了几个小时，松树从两旁跑过却永远跑不完。你感觉自己出了幻觉，觉得这像是电脑游戏。然而它们全是松树，斑驳笔直，这里是莽莽苍苍的大兴安岭。

在拉布大林镇的宾馆大堂，我见到两个人在聊天。年轻人："哎呀！大哥，昨晚喝多少？"中年人伸出一根手指。年轻人："一杯？"中年人摇头。年轻人："一壶？"中年人接着摇头。年轻人："一瓶？"中年人还摇头，手指屹立不动。年轻人惊讶："大哥，你到底喝多少啊？"中年人开口，镇定地说："一直喝。"

我想起了我堂兄朝克巴特尔。这次去科左后旗的胡四台嘎查（村），我们一起在村里餐馆吃饭。朝克巴特尔和堂嫂灯笼，堂姐阿拉它和堂姐夫满特嘎四人并排坐一起，全用右手握着白酒杯，宁静地看我们。我们——我和我同行的朋友提酒时，他们四人一律把右手的白酒一饮而尽，手接着放桌子上，手里的玻璃杯再次倒满白酒。他们不言语，对酒也没反应。我后来明白，他们在用看牛羊的眼神看我们，无须说话。朝克巴特尔每天步行五十里放三十只羊，满特嘎每天骑马八十里放二十头牛。在草原上，他们自个儿跟自个儿喝酒，没咋跟别人喝过酒，也不会在酒桌上跟人说话。然而酒就是话，酒钻进他们的肚子里跟他们窃窃私语。喝到后面，他们四人全都喜笑颜开，酒把他们逗乐了。

晚上，我和朝克巴特尔睡一铺炕。他光着上身坐着，瞪着兔子般的红眼睛问我："政府咋啦？"没等我回答，他接着说："政府给我们村铺路打井、翻建危房，全旗和全通辽市都这么弄了。政府咋啦？他们以后会不会向我们收钱呢？”我说：“不会。全内蒙古都这么弄呢，咋收钱？”朝克巴特尔警惕地想了半天，慢慢地咧嘴乐了，倒头睡去。

呼伦贝尔人的酒量好像比较大，他们更喜欢讲酒的笑话。这里冬季漫长，有的地方一年只有三个月的无霜期。修路人遇到沼泽地，要掏干一米多的淤泥。如果在永冻层修路，先拿电锤把永冻土凿碎，从远方拉来砾石河沙填充到沼泽地和永冻层里面当路基。这里的每一寸路都弥足珍贵。在呼伦贝尔修路的工人们，冷了、累了就喝点儿酒热身，再讲一讲酒的笑话逗乐。

巴彦淖尔

“巴彦淖尔”，在蒙古语里的意思是“富裕的湖泊”。我问：“这里有叫巴彦淖尔的湖吗？”当地朋友说：“我们这里有河套。黄河百害，唯富一套，说的就是巴彦淖尔。我们有最好的面粉和葵花籽……”

他像没人管的录音机一样滔滔不绝地介绍自己的家乡。我早知巴彦淖尔的盛名，比面粉、爬山调、甜瓜更有名的是这里的黄河改造工程。黄河水利博物馆收藏了当地出土的自仰韶文化至今的各类文物，尤以水利文物为珍贵。我在博物馆的一幅照片前注视良久。照片上约有百人用粗麻绳合拉一个梢棒。几十米宽的草编帘子里面裹上土，一层一层卷起来就叫梢棒，用于大坝合龙。

过去没有吊车，没有混凝土固件，梢棒是中流砥柱。画面上的梢棒即将被拉上大坝，有人站在梢棒上喊号子，有人焦急等待，大多数人憋着劲儿拉滚动的梢棒。照片拍摄于1952年，我惊叹新中国成立初期的农民竟然有这么精壮。他们头系羊肚白手巾，身穿土布露膊白短褂，正发出我们听不到的惊天动地的呼喊。他们的双腿如同扎进了土里，后背宽阔结实。他们仿佛正把黄河拉进了自己的怀里，让它灌溉良田，产出“……最好的面粉和葵花籽”。

流经总干渠和分干渠的黄河水，不仅哺育了庄稼，也美化了村庄。干渠里清澈的黄河水从临河区万丰村边流过，水面宽阔，垂柳依依，城里人每年来这个村举办龙舟赛。黄河水利博物馆里有汉唐陶俑、明清农具，还展览着李贵穿过的一身中山装。李贵是谁？资料显示，李贵1939年在陕北公学入学，离休前担任中央统战部副部长。在老百姓眼里，李贵是个治河模范。他担任巴彦淖尔市委书记期间，带领全盟老百姓引入黄河水治理盐碱地，造出千顷良田。博物馆展出多幅李贵挑筐担土的照片，他是工地总指挥。

秋风至，公路两旁高大的白杨树黄绿相间。逆光的黄叶越发稀疏，遮不住从树林里飞过的喜鹊的身影。白杨树下，玉米如一片等待渡河的人群。它们叶片披纷繁复，像手里拿着数不清的东西。白金色泽的玉米站满大地，干透的叶子夺走了所有的秋声。

乌梁素海的海子

乌梁素海的蒙古语含义为“红柳湖”，水域面积二百九十平方公里，湿地面积三百七十平方公里，好大。这座湖通过蒸腾作用每年向大气补水三亿立方米。如果没有乌梁素海，乌拉山与狼山之间会因为缺少水源涵养而形成新的沙尘暴发源地。

我们开船进湖，船工把湖叫大海子小海子。小海子长着无边的蒲苇，把水面分割成大大小小的水城，其中有行船的巷道。大海则一望无际，说这是太湖也有人信。船在苇子的城墙下边走，苇子里似乎藏着无数座隐秘村庄。枯干的苇子漂在大海子上，远看似一片黄色的陆地，上面白点密布，近看全是鸟。白鹭的飞行最为优雅，它不紧不慢，白翎如扇，收紧笔直的、像设备一样的细腿，好像这里不是巴彦淖尔，而是巴黎。几百只白鹭在蓝天盘旋时，天上如有祥瑞气象。比白鹭小的白鸟是鸬鹚，在水面上拖泥带水的黑鸟是䴙䴘，当地人管它们叫红眼。船工说，鸟妈妈正带着小鸟训练呢。小鸟出徒后，随妈妈飞到鄱阳湖过冬。天空蓝得正好，配上苍鹭和白鹭的身影也正好。让远处呆呆的云朵羡慕。乌梁素海的鸟儿真多，好像比苇子还多。我在湖上转了两个小时，尽抬头看鸟了，记不起湖的模样。鸟多的时候，在我们头顶编成一个网，从空中抛起来，然后被一只无形的手收到了东边或西边，所有的小鸟变成了小点儿，最后没了。拜拜！咱们鄱阳湖见。乌梁素海，你为什么不叫鸟海呢？我特想告诉各地的小鸟，夏天你们飞到乌拉特前旗吧（不是后旗），海子特大，鱼多得是，还有苇子，快去吧！我们上岸，开车走了四五里地，见到一只细长的白鸬鹚像暖瓶似的蹲在草地上，司机说："这家伙吃鱼吃恶心了，上这儿吃草籽养养生。"

像天一样美丽的地

在我的心目中，阿拉善盟有金黄的、曲线柔美的沙丘，有泉水和绿洲，有高大隐忍的骆驼，还有来自新疆的卫拉特蒙古族人。我进入阿拉善，第一眼看到的是贺兰山，它有说不出的雄峻，如奔马腾空而来，远方则是它卷起的烟尘。

有人说，贺兰山和阿拉善同音，属于13世纪蒙古语的发音，意谓"骏马"。而当地的蒙古族人认为，阿拉善是古老的突厥语，意谓"像天一样美丽的地"。

"像天一样美丽的地"——我一直揣摩这句话的意味。什么样的地像天一样美丽？那是阿拉善。它的沙漠如天空一般辽远，有骆驼，有湖泊与绿洲，像天空上有云朵的岛屿和星星月亮。阿拉善有一个"斑点湖"，又叫月亮湖。我问过得知湖名的来历。月光下，几十个水泡子在沙漠里闪烁，用蒙古语说，就是"斑斑点点的湖"。星星在夜空上不也斑斑点点吗？这就是"像天一样美丽的地"。我们穿越腾格里沙漠，到达通古淖尔。脚下的沙子颗粒金黄，用手往里掏两下，摸到了湿乎乎的沙子，沙丘的高处和低处都是这样。沙漠里面藏着水，这是沙漠留给自己的水。没这些水，它早被刮跑或晒成戈壁了。牧民陶都告诉我，外人看上去一模一样的沙丘都有自己的名字。他用手指给我看："那是骆驼妈妈山，那是骆驼孩子山。"这些童话般的山名，从祖辈流传至今。陶都的房子四周起伏着一样的沙漠，这里仿佛没有时代，好像也没有时间。我问他为什么不搬进城里住？他说他进城走不了路。陶都从小在柔软的沙子上走惯了，进城走路脚疼。他说喜欢沙子，我问沙子哪样好？他说："沙子嘛，就是好！"

午饭时间，一伙儿越野客来到陶都开的牧家乐吃饭。他们的喧哗和消费给陶都带来了时代。

额济纳旗马鬃山苏木（乡）是内蒙古最后一个不通乡路的苏木。这个苏木住着二十八户牧民，蓄养两千峰骆驼和三千多只山羊。牧民居住点相距几十公里，大部分人终生没离开过村庄。去年六月，全长八十九公里的马鬃山通乡公路开工。修路人白天顶着酷暑施工，夜里睡在沙漠半地窨子里，上面蒙帐篷，否则半夜太冷。如果来了沙尘暴，不一会儿就把车牌子打成白板，数码全没了。他们怕迷路，手机没信号，如果迷了路就成木乃伊了。他们常看到海市蜃楼的幻景，此景看多了让人绝望，诱发眩晕和呕吐。这个地方属于无水区，半径六十公里内找不到水。在牧民导引下找到的浑水，只能施工，不能喝。饮用水要到一百二十公里外的地方调运。修路工一天出好几身汗，但四个月的工期内没人洗过澡，洗不起。2014 年 10 月 16 日，公路竣工。通车那天，修路人没敲锣没打鼓，全都低头哭了。牧民们本来挺高兴，看他们哭成这样，也跟着哭了。路是啥呀？是真金白银，也是血水、汗水和泪水。过去，马鬃山的人骑骆驼到旗里要走一个月，现在开车半天多就到了。

阳光如金蛇一般爬上曼德拉山

我们凌晨三点钟出发，去看曼德拉山的日出。月亮照在起伏的沙丘上，仿佛是白茫茫的大海。抵达曼德拉山下，晨曦正好照在黝黑的山体上，远看金红。阳光在巴丹吉林沙漠上行走，如金蛇一般爬上曼德拉山，整座山越来越亮，如同上升。我忽然明白曼德拉在蒙古语中“升起来”的含义，所状正是此景。

曼德拉山岩画是世界岩画宝库之一,四千多幅岩画上磨刻着人类狩猎、舞蹈和动物的图案。小鹿和山羊们拥挤蹦跳，头顶上有星辰甚至有一条河。先人作这些画的时候，心里有着儿童般的喜悦。这些画的作者属于党项、鲜卑、匈奴、突厥、西夏和蒙古，跟他们比，我们的心显得苍老了。想到这儿，眼泪不期然流下。陪同的朋友说:“席慕蓉看到这里也哭了。”我只好笑着回答:“我不是为了模仿她才流泪的，我的泪水跑出来是想摸摸这些画。”

站在山岗远眺，柔美起伏的沙漠笼着一层晨曦的金黄纱巾。它们仿佛是海，等待着白帆的船只驶过。而远处那些白云，像即将进入港口的船，正缓缓朝这边飘过来。

黄　土

世上我所珍爱的，今天才知道包括黄土。

我说的黄土，是那种新鲜的、无忧无虑仰卧在无垠大地上的——什么呢？亲戚、朋友、长辈或伙伴？——总之是黄土。鲜润的黄土比鲜润的女人更惹人爱。人们走过它们，弯腰，以十指插入土里，攥一把，捏出个形状，放在眼前看。黄土好啊，清洁。朴实而又清洁，这不令人神清目爽吗？好黄土一点儿不脏，像粮食那么干净，但排列得更紧密。你如果把黄土放在鼻下吸嗅，说“香”也许矫情，说“土”仿佛什么也没说。但这气息的确有一种直抵丹田的力量，不飘亦不滞，可以扑面而来又依偎着你。黄土的气息和麦子、高粱以及杨树的味道均有亲属关系，高粱把土气变甜了，杨树把土气变苦了，艾蒿把土气变香了。但黄土是宽容的大神，不在乎这些，仍从气息里透出广阔的微笑。

黄土，我想用词语华丽你，譬如“金色的云啊”，但眼睛一看到你就犹豫了，土地不可美饰。

我可笑地认为，只有农村才有黄土。应该说城市也有，但被楼房和马路压在地下了。我喜欢在一望无垠的黄土上踏步走路，走到哪里都无妨，不拘林边或河边。黄土陷我，是拽我做客；黄土平坦，是喻我整肃。我还想在一溜白杨树带的边上，以十指为铲，噌噌向下挖掘，把带有新鲜气息的土扬出来，土和我手指的接触何等愉快呀。我望着自己掘出的小丘，想象田鼠原是幸福之辈，在黄土里钻冲，分洞穴为上下铺，置藏花生玉米，闲暇时瞪着乌溜溜的大眼张望世界。

近日，我家楼下重修下水道，挖至一米深，堆起许多黄土。我见故人，欲亲近却无章法。不能和黄土贴脸，也无法与黄土说“你好”。看着它们堆耸如丘，小孩子爬上爬下，默然而已。

再想起以往皇上出巡，基层单位“清水洒街，黄土填道”，我曾为之矫情感到可笑。细合计，黄土铺满大道，白杨夹迎，的确是最高礼遇了。谁不说清水和黄土都是最好的东西？

又有“哪里黄土不埋人”之说，所谓大丈夫死不择地，五湖四海可见。黄土不仅埋人，尚掩埋一切生长一切。人对死者的态度，古今都取掩埋一法，即他们死了，就宜于阳界消失。埋没使活者看不到他们，树个坟包纪念，这是一种尊重，如同曝尸是一种惩罚。土地埋人，是因为只有土地能够埋人。黄土埋人，讲的是此物干净，与没有灵魂的肉身极契合，只是过于深重。

草药与大地的苦

在山上，找一块干净的土，往下掏一尺取一捻放在嘴里尝，品不出什么味道。用李时珍的笔法，可写为“土性平、无味、生育万物”。

我尝这捻土，心想土里到底有什么，让甘草那么甜，让黄连那么苦？土里一定百味聚集，不同的植物从其中提取了不同的味道。生嚼高粱米，微甜有一点儿涩。嚼玉米，甜。嚼青草干脆的甜。高粱玉米的秸秆都甜，玉米的秸秆略带一点点臊味。生茄子甜，黄瓜清香。西瓜香瓜不用说了，甜是它们的本职工作。树上结的苹果和梨和枣都甜。由此说，大地所储存的营养，以甜为主。可是，草药为什么聚集那么苦的苦呢？大地有甜的怀抱，也有酸辛、有苦情，草药把苦长在自己身上。

大地怎么不苦？世上唯有大地最艰辛，日晒风吹，洪水冰雹都倾泻在大地的怀抱。地被冻过三尺，被涝过三尺，世上从未停止劳动的并不是人，而是大地。

大地的苦情，高粱玉米不懂，苹果和桃更不懂，懂大地的只有草药。苦是什么？是执拗，是抓住你不撒手，是一屁股坐在地下大哭，是心头化不开的恨，是沉潜向下的哀怨。苦进了人的嘴里像进了蛇蝎，嚼不得，咽不得。苦只是一个比喻，人把生活的所有艰难用这个味觉的词汇形容之：苦。

中医认为苦可清肝火、明双目。按天人合一的观点，人的身体也堪与大地相配伍。地产百味，人吸纳百味。苦只是一味，没尝过苦味的人，舌蕾相当于一个聋子。

味原本不存在，或者说它只为味蕾或中药的药味而存在。拿一块冰糖贴脊背上，脊背察觉不出其甜，拿一块山楂糕放脸上，脸也不酸。佛家典籍讲，味只存在于人的三寸舌头上，何必吃山珍海味？多么贵重的珍馔佳肴滑过三寸舌面，落入肚里都成糟粕。佛教认为不应该也不值得为了舌头而杀生食肉。

在物品的味道和舌头之间，有一个是真相，另一个在欺骗。蒙特利尔大学的生物学家得出结论，人类的味觉是由味蕾基因的特殊排列方式决定的，并得益于口腔中的酶。而人与其他动物味蕾基因排列方式的不同，使其尝到的味道也不同。人吃干粮狗吃屎，各得其味，谁也不能臆测对方的味。湖南人吃臭干子、中国人吃 CNN 瞧不起的皮蛋，都由顽固的味觉好恶所决定。欧洲最好的奶酪，中国人吃起来臭不可当。榴梿也如此。这是说，鼻子和舌头（特别是唾液中的酶）具有不同的认知方式，它们闻到与吃到的是同一种东西，但味道不一样。味是刁钻的、飘渺的、深不可测的东西。

草药拔出了大地的苦，煎成汁却可以给人去病。想一想，不可思议。泥土里积累的苦，草药是怎样找到的呢？草药找到这些苦，存在根茎叶里，人采而煎汁，霍然病愈。给予人类粮食的大地，又长出替人类去病的草药，大地恩情，人还是还不完的。

每个人都欠地球的债务

以碳排放量观察人类的活动，会看到许多不公平或者叫愚蠢。比如说，人看一朵鲜花好看，看也就看了，鲜花不会长到你头上，你也变不成花站在泥里。而如果大施机巧，用彩缎织上花之纹样，穿在身上，实在不必要。穿了花衣服的人仍然是人而不是花，而彩缎的产生，也是碳排放量的产生。

鲜花的彩缎仅仅是一个小寓言，人类自作多情的事情多不胜数。2008 年，我应德国外交部邀请，驻访斯图加特一个月。这里是大众、保时捷和宝马的故乡，但街上车并不多，比人们想象得少得多。斯图加特的市民不是买不起车，他们认为——只为了一个人或两个人的出行开一辆车上街，有悖环境伦理，太嚣张太过分了，付出太多的碳排放量。所以，当你来到斯图加特的地铁和轻轨站，发现人比罐头里的鱼还多。汹涌的人流在公共交通工具里面，减轻心里挂念的欠地球的债务——排碳。

在那里，我明白了小气的德国人在所有灯座上安装节能灯的缘由——减少碳排放，也明白他们夜晚的城市常常没什么灯光，像防备空袭一样，都是为了减碳。灯光通明的城市有什么好？给谁看？通明的代价是什么？

如果灯光通明的代价是个人多支付电费，或商家、政府多支付电费，那只是小代价。大的代价也是不可逆的代价是煤转化为电，大量排碳，无辜的地球承担了太多的温室气体。

在斯图加特，许多人骑自行车飞驰于绿色的乡野，他们宣扬的实为一种新道德，即出行不排碳的道德。如果道德可以分为大道德和小道德，小学生见老师敬礼只是小道德，随地撒尿也只是小的不道德，最大的道德是人对地球的责任。俭朴是长远的美德。

责任这个词非指人建设地球，千万不要再对地球施以建设，责任是说人对地球生态的尊重，核心是减少碳排放量。人活下去，也让地球活下去。责任的含义还包括：减少、延缓以及停止人对地球所欠下的高额债务，人人过一种少碳或无碳的生活。

从这个思路说，人可以检点的地方太多了。举例说，我长期使用打印机纸的正反面，跟钱无关，跟环境有关。人之写字，已经有些多此一举，白纸只用了一面就扔掉，未免可惜。还有，我卖报纸的时候，捎带好多纸盒，比如牙膏、药盒的纸包装。为此，我受到收废品人的讥笑，他们说，一百个牙膏包装盒也卖不了一块钱，你怎么这么贪财呢？随他们说，我心里有数。这些小包装如果随垃圾扔掉，将身陷万劫不复之地，卖纸，还可以化为纸浆再利用，背一个“吝啬”的骂名值得。这些零零碎碎的小纸盒曾经是树，凭什么躺到垃圾堆里？

当然，这个话题可以越说越大。我的一个朋友承包了辽宁大厦的垃圾，垃圾有什么值得承包的呢？因为这里每年有无数会议召开，垃圾口每天吐出散会之后的小山般的会议材料，A4 或 B5

的纸张。少发或不发材料，让写材料的人写得短一些都属于美德，也算公益事业，都符合人对地球所承担的伦理责任。

排碳，当然不只是坐小汽车、点白炽灯、扔掉牙膏包装和材料写太长造成的，过度的衣食住行都导致过量排碳，这只是就人的生活而言。而经济格局里面落后的设备、多余的产能正在导致更多的碳排放。

这是一些看得见的现象，人们心里都明白，只是还没有形成减碳的习惯，因为我们还不觉得多碳是极大的不道德。

石　头

即使把石头碾成齑粉，也找不到它的门。石头，我们怎样进入你的内部？像掰开杏看到杏核，砸开核桃，见到核桃仁那样。把岩石凿开一个洞，即山洞，也进不到石头里面。而洞里面的石头仍然排列着沉默坚毅的脸，它们什么都不说。

组成世界的东西其实很少，有被我们称作天空的空气，还有泥土、河流、草木、火和石头。大地上比泥土更多的是石头。石头，你能告诉我们你是什么吗？

人把石头磨成平面，见到花纹，甚至显露出风景。在大理石的内部，藏着云烟、丘壑，有宋人笔意的漠漠云林，这里有人间的气息。石头何时留下了这些记忆，记这些做什么呢？不能怀疑，世间所有的美景都藏在了石头的内部。人在大理石上看见的图案只是它一个断面，或者叫一个瞬间，切掉这个断面，出现的是新的断面。它到底有多少断面，记录了多少风景呢？它有无数断面，只是不予人见。

石头组成我们所说的大山。“组成”这个词或许不对，山是一个整体，它分裂过，却无须组成。人的想法是进入山的里面——

不仅仅是掏山洞——让石头敞开，接纳我们。我知道，石头的每一个分子都与其他分子牢固地结为一体，而不能像水那样透明。是的，水与水的分子也不可分割，但水可以装进壶里，掬在手上。水让人看到它的正面和背面，石头永远不让人看到它背后的东西。我觉得问题出在人的眼睛上。人的眼睛只能看清一部分——也许是一小部分东西，当然这已经很好了——但目光穿不清木头的质地和石头的质地。人的目光在所谓夜里会被屏蔽。也许，有的动物看石头如同看果园枝头上的果子，石头里的花纹、翡翠、甚至金子在它眼里清晰都如图画，只是对它没什么用处。翡翠对狐狸来说并不比羊粪更有信息上的价值。

帝王用石头建造宫殿，再用石头建造陵墓，石头以其坚固威严和沉默为帝王提供生与死的场地。对石头来说，帝王如同一只小虫在它上面活过并死去。与时间并行的不是水而是光与石头。光每天搜查大地，甚至搜到了屋子里的每一个角落，寻找它要找的东西。光刺破空气，赋予万物色彩又让色彩退去。然而光无法穿透石头，石头没有门。石头里储藏了数不清的时间，我们所经历的时间去了哪里？什么东西里能装下这么多时间？或许它储藏在石头里。故此，石头永远不开门，故此石头沉重。虽然被存入石头的时间已被压缩过，但仍然太多并沉重。

石头里的铁矿是红色的时间。那些与火有关，与阳光与血有关的时间被打包变成铁。与植物有关的时间变成了铜矿。铜可黄可红，不经意间会流露绿，植物的时间露出了一些粉末。水晶是关于水的时间的压缩体，它透明并可以透视星相。不知道藏在石头里的玉是谁的时间。玉太神秘，它也是石头，但前面加一个玉字，人称玉石。玉几乎要脱离石头变为世间一切美物，玉雕的蝈蝈，几近于蝈蝈，但比蝈蝈值钱，它是玉。玉温润，凉沁，光滑，细腻。羊脂只是羊脂，细如羊脂的玉却是一块石。石头通灵，这是曹雪芹说过的话。可是，玉储藏了谁的经历与时间？史上那些君子淑女已远去，上苍不欲他们的精魄离开此世，藏于石中，此为玉的前生。“忽反顾以流涕兮，哀高丘之无女。”《离骚》的这两句诗为鲁迅所爱，写下来挂在床头。人问：高丘指谁，无女是怎样的含意？鲁迅不答。高丘不是哪一个丘，也不一定是楚王。无女到底无哪一个女，对每一个人都不一样。每人的一生都有一段惋惜，值得反顾流涕，为高丘也为无女。那些高洁的人，醇和的人，温润的人的时光都被苍天收藏起来，放置某处。上苍戴着丝绸手套收藏他们的时光，包括他们的忍耐、涵养、笑容与永不摧折的理想，收之入石，成为玉。玉颜色青白，无味，摩挲经久出血络。玉是英雄美人的时光。英雄不光是武人，还应该有庄子、王羲之、苏轼等人，还有没留下姓名的人。他们活过的时间压缩在玉里，是玉的光，或质朴或渺茫的云纹。

山峰上的岩石在等待时间弯曲。等待光像树一样在田野生长。石头的话被风、鸟儿、河流说过来，石头在静默里目睹白云坍塌。石头并非牢不可破，金子在岩石里奔跑。蝴蝶飞进石头里找不到飞出来的路。草履虫在石头里安家。石头能跟我们说句话吗？你不开口是在信一个什么样的承诺？那是对谁许下的承诺？如果鸟儿用叽叽喳喳传达石头的话，我们听不懂，风声和水声里的语义都不为我们所知，最后对石头一无所知。石头的姿态与人类毫无关系，仿佛与人类生活在不同的世纪甚至不同的光年里。世上一日对石头只是一秒，它还有亿万斯年的时间等着它悠闲度过。

纯阳之地：沈阳

黄河以北的大城市，以“阳”命名的只有沈阳。兹证明此城傍水，筑于水的北岸，岸北为阳。水名浑河，又叫沈水。浑河得名于元代，蒙古语——“浑都愣”河，意谓“横置的大河”。对征战者来说，河都横着。此城后来称“盛京”，好名，大都之谓也。再后来改“奉天”，散发皇权气味。叫沈阳之后，一叫就叫稳了。“阳”字透露这里的住民生机勃发，一点儿都不阴险。在沈阳的工厂，我见龙门吊把一个火车头悬吊起来，不免惊讶。车间阔大高敞，四五个火车头像甲虫被缚在空中等候修理，阳吧？沈阳铁西区有的工厂上万人，一个车间上千人。计划经济时代的清晨，上万工人骑自行车从一个大门驶入，车圈烁烁，铝饭盒闪光，阳吧？沈阳马路宽阔，橘黄路灯一瞬放光之际，我作为骑车人每每想放喉高唱，对钢铁、厂房和工人阶级加以讴歌。在这里，小里小气的东西譬如我之小文化散文上不了台面。下馆子，点什么鸭肠、鲶鱼须子、炸鱼鳞——STOP！别侮辱我们的嘴和肠道！上肘子、上大塑料盆的黄蚬子！沈阳人不用壮阳，满城潜阳。他们高大、豪迈、粗一点儿——沈阳音乐学院、鲁迅美术学院、博物馆和剧场都没把他们磨细，随遇、随酒、随气候而安。不安时咆哮呼喊，比如看球。球员在沈阳球迷的呼喊中坚持踢九十分钟真是不容易。一位刚做完阑尾手术的球迷，没票，爬上树呐喊，刀口迸裂（手术线质量可疑），捂着肚子还喊。

这两年，我骑自行车漫游沈阳，看到了许多跑步看不到的景致。上二环一气骑八十公里，回家屁股不敢坐沙发。街树啊，马路啊，马路上方桥上的火车啊，感到这个城市血管粗，肺活量大。我三次踏勘铁西老面粉厂旧址。六十年前，我父亲与战友到此激战。他说："白面袋子当掩体，血喷上面一会儿就黑了。"面粉厂早没了，面袋子更没了。我找到了一个他提过的地方，叫"余粮堡"，离宁官高速出口不远。

在街上走，观赏各单位牌子引发遐思。如"减速机厂"，意味隽永，和咱们说的加速、跃进反着。这里在减速，我想进去请教为什么生产减速机，没敢。还有"××区心算管理中心"，没错，心算也要管理。当然这是小单位。大单位如铁路局，在原"日本关东军司令部"内。有人说，那楼里的电话接口多得惊人，现在也没弄清楚。撬开地板用线一接一个电话。这一地带叫太原街，日据时期开发。原来叫"春田町"，还有这町那町。当年日本一批前卫建筑师来沈阳设计一大片洋房，幢幢新颖。

现今的市政府大楼是伪满时期建的"市政公署"。"八·一五"光复那天，蒋介石、宋美龄和国民政府领导人登此楼顶宣告抗战胜利，广场民众喧腾。当其时，蒋为光复后的沈阳街道起了许多新名，新中国成立后更改。未改的"文革"中再废止，但未改尽。

他起的“明廉、克俭、同泽、集贤”等街名依然叫着，红卫兵没想到这是蒋起的街名，没换。市府旁侧有广场，绿地喷泉。到晚上，攒聚八方人士，百样玩耍，千般热闹，叹光阴。

中山广场矗立保存完好的毛泽东塑像。此雕像群代表着国内最高的雕塑水平（另两处是出租院展览和北京农展馆群雕）。当年，领袖朝向成了难题。面东，与太阳相对不妥。北面是苏修，当然不要对他们挥手。向南，首都在国土北方，为什么向南？后来塑像面西。西面是铁西区重工业群。到了铁西，一个人心底潜藏的词汇——比如雄伟、宏大、壮观等等全被激活。这些词在苏州一辈子也用不上，在义乌两辈子也用不上。沈阳官方回顾历史时，给这座城市起了一些磅礴的新名：东方鲁尔、共和国长子、共和国总装备部。虽然没叫出去，却为豪情找到一个出口。今天的铁西新区，所说的大而旧的企业消失了，代之以高新企业。眼观虽不豪迈，但整洁，更 GDP。

沈阳的人和城，按旧学的字眼，属纯阳之地，条达生发，火力壮。有的城市像村寨，有的城市像舟船，有的城市像超市，有的城市像郊区，而沈阳像一列挂着无尽车厢的蒸汽机车，轰隆前行……

路有走不完的路

比行路者更远的是远方的路。赶路的人独自跋涉，他抬头四望，看群山静立，旷野孤寂，松树在自己的影子里休息。在行路者前面继续走的，只有路。

路在山腰爬行，在平原奔跑，在山顶上瞭望，路的体能比山还好。赶路的车进城市里休息，旅人在路上回家；路仍然在路上，它的尽头是穿行不尽的尽头。

路像人的心念，像一卷铺不完的地毯，一直往前铺。让念头碾过荒凉和沙砾，自己催自己走。

路载的并不是自己，是行人车马。路只想变成更远的路，如同行走只是行走。路看过更多的荒凉。

一川乱石大如斗，寂寞野花战场开，这是路边风景。路看到孤松把石崖撑开裂纹，飞鸟从峡谷流过。高处的白云从路上撤退，去追赶山的转弯。

路在路旁休息，靠着石壁，因为江水咆哮而失眠。路在夜里睁大眼睛，却辨不清江对岸的山峰。

路看到的景物不光山水，还有四季。春天，野花从低处渐渐爬上山坡，摊开自己的毯子。鸟儿的声音很小，口里仿佛含着草籽。春天的风在峡谷里冲撞，拍醒冬眠的树木。夏天的野草挤满了除了路以外的一切地方，草是夏天的传染病，让土地充满生的欲望。路所看到的秋季不光金黄，还有天的明亮，秋江如琉璃一般省略了波浪。冬天不是一个季节，是季节撤退之后的空寂，风雪前来驻扎。当草木的起伏和平坦消失之后，保留生机的只有路。

路没有雄伟，没有花开，没有庄稼的河流。路只有漫长，路有走不完的路。路常常疲惫，路被无休止的延伸所困扰，为弯曲而晕眩，路是自己对自己的束缚。

从天空俯视大地，最生动的是那些路。数不清的路平直、消隐、又出人意料地出现在山巅。它们没有门，只是一条路。路会分身法，把自己撒开，看庄稼、看河水、看青蛙和树叶里藏着的小鸟，而后收拢，变成一支箭，穿越隧洞。

路纯朴，路没办法不纯朴，它们每天都风尘仆仆。风暴露了它们身上的骨头。鲜花开不到路上，路与娇柔无关，路每天都锻炼筋骨。

路在奔走中增加体力。路不是青年，也不是老年。它只比农民工年轻一点儿。路身体好，它暗地欣慰自己好就好在身体。多好的身体遭多大的罪，遭吧。路把奇里古怪的坏心情扔进了山谷，路是情绪的主人。与快乐相比，它更愿意选择平静。平静尔后担当，才遭得起罪，也享得住福。路说，路不过是朴素、是遥远、是强壮，路有永远走不完的路。

铁路的尽头

地图上，我的老家位于铁路的尽头。铁路修到这里不修了，或修不下去了，值得商榷。那时我还是少年，有一天背上军用水壶，揣干粮踏勘这件事。

赤峰在地图上是个圆圈，代表铁路的红线止于圆圈。事实却没这么简单，铁路经过车站又修了挺远。这一段在地图上不应该短于一韭菜叶。我想象的铁路尽头是这样的：它修到一座悬崖上，下面是万丈深渊，不能修了。第二种情况在平原，铁轨无端地停在某一处，边上立一牌子写道——铁路修到此处为止，年月日。最后那根枕木如同漫长的行军队伍中末尾的士兵，我觉得那根枕木一定像老兵。第三种情形是在铁路尽头立一堵墙。从这边看，铁轨好像从墙底下穿过去了，从墙那边看并没有。这都是我想象的，实际情形可能更好看。总之，铁路的尽头——富有诗意，跟蛮荒、雄壮、神秘都有一些联系。

那一天我踩着铁轨往西边走，反正也没火车了，随便走。铁路的方向对着一座山。我认为这个思路对头，铁路修进山洞里，才是它真正的归宿。火车可以在山洞里尽情歇着，像个仓库。我走了很久，大约十华里吧，铁路沿山跟圆滑地拐弯了。它为什么不钻进山里？它简直在骗人。铁路沿着山脚绕了过去，还往前修？不拉人到这里干吗来了？多大的浪费啊！在地图上，它超过圆圈大约有两个韭菜叶宽了，纯属多余。我继续向前走，铁路顺地球的漫圆下坡了，一点儿道理都没有。走到这一处，看到野兔。一只坐不远处看我，我追将过去捕之，这只黄野兔待我靠近才跑，当然比我快。非但快，它还坏。野兔钻进一丛灌木——待我冲进去才知道是荆棘。我像落在蛛网上的小虫被刮住了，衣服撕破两个口子。荆棘丛下面是蜥蜴的家，蜥蜴跳着冲进洞里，洞的嘴像吃面条一样把它吞进去。这儿还有大片的蓝莓。全世界没人知道这里有多到令人意外的美味的蓝莓。我盘桓一遭儿，再找铁路却找不到了。这是我所遇到的一个铁路失踪事件。既然星星在天空会失踪，简陋的铁轨也有这种可能。也可能没失踪，铁路派兔子引我于歧途。我衣衫褴褛回到家中，至今也不知所谓铁路的尽头是什么样子。

胡四台的道路泥土芳香

今年夏天，我外甥阿如汗买了车，要带我父母回老家游历。阿如汗对我爸说出这个计划，准备接受姥爷的盛大表扬，我爸没言语，看窗外的柳树。第二天和第三天，阿如汗向我爸热烈地重复这个计划，我爸沉默着，在屋里走走站站，想事。

我知道，我爸的返乡之旅在心里已经启程。

我老家在通辽市科左后旗朝鲁吐镇胡四台村，我爸十七岁当兵离开那里，之后的思念就从未停歇。他认为人的良知就在于爱故乡。春天到了，他在窗前注视良久，说："我老家的柳树也是这么绿的。"原来，他看柳树是回忆老家。人老之后得到许多特权，之一是说话不需要倾听对象和前后铺垫。下雪天，我爸盘腿坐床上、手拿报纸笑了，说："兔子倒霉了，傻半鸡也完蛋了。"

我妈问兔子怎么了？我爸兴高采烈地讲述他在老家雪天抓兔子和傻半鸡的故事。我妈不满："你看《参考消息》说兔子倒霉，我以为国际出事了呢？"

我在房间艾灸，我爸从外边进来问："这是什么味？跟我老家的艾蒿味一样，好像到了夏天。"我爸在屋里转来转去，我妈问：

“干啥呢？”我爸说：“闻这个味呢。”说着，坐沙发上晃着身子唱起歌来。我爸在家唱歌是太平常的事情，无人惊奇。他唱《达古拉》《诺恩吉雅》《万丽花》，歌名是蒙古姑娘的名字，是爱情歌曲。科尔沁人世世代代唱这些歌，不为搞对象，在唱故乡。

科左后旗离赤峰不远，坐火车要换大客，不方便。自驾游就方便了，只有四小时车程。我对阿如汗的计划给予充分肯定，夸到他脸上乐出花。之后帮我妈准备回老家的礼物，红茶呀、酒等等，并给予阿如汗必要的经费保障。

这是今年八月十日左右的事情。我本想从赤峰跟他们一起回胡四台，但有事去了南方。八月十六日，我在深圳接到电话，邀我去通辽参加一个会。我的事刚好办完了，飞通辽。飞机在通辽机场降落后，我的内心地图跟我爸一样展开在胡四台的沙漠、晒蔫的杨树叶子和白岩石一样露出草地的羊群上。我心头也冒出蒙古歌的旋律——《金珠儿玛》《云良》《维胡隋玲》，这些由蒙古族女人名字命名的歌曲把人带进一座亲情隧道，歌声委婉、摇曳、悲伤，像火堆背后的夜空挂满了祖先的脸庞，静默的蒙古族人面孔排列到远方。

通辽的会是蒙古文学改稿班，作者是来自内蒙古、新疆和青海等地的蒙古族作家。十八日上午，我们去大青沟景区采风，进入科左后旗境内。我爸我妈这天早上从赤峰出发，我觉得他们到了，离这儿不远。我想直奔胡四台，但会没散，不好意思请假。中午吃饭，几位当地干部作陪。坐在我身边的一位五十多岁，浓眉大眼，他落座问我：“家哪儿的？”

我说："就在科左后旗。"

"哪个镇？"

"朝鲁吐。"

"哪个村？"

"胡四台东村。"

"家里还有啥人？"

我说出堂兄和嫂子的名字。

他侧身端详我，露出笑容，说："你长得太像你哥了。我叫布仁吉日格勒，在朝鲁吐镇当过镇委书记，现在是旗民族宗教局长。你想回家看看不？"

我说："想啊，刚才还想呢。"

他问："啥时候去？"

我说："吃完饭就去呗。"

他哈哈大笑，说："一会儿坐我车走。我认识你哥，把你送到家门口。"

上了车，我感到幸运，世上真有这么巧的事。如果我的座位不挨着布仁吉日格勒，就没这好事。他简直是上天派来送我还乡的人，我几乎想问他老天爷好吗？老天爷最近在忙啥？车窗外，白茫茫的沙带和灰绿的治沙植物如大地衣衫的条纹，和我老家的风景一样。

要到家了。我爸这会儿应该坐在堂兄家里说话呢。我想象他正用手掌抹去长着老年斑的脸上的热泪。他流泪的时候拉直嘴角，使劲儿吞咽流进嗓子里的泪水，眼球血红。他回忆我曾祖母努恩吉亚、我爷爷彭申苏瓦、我大伯布和德力格尔的时候常如此。沙梁上洁白的、晒得滚烫的沙子招呼他回到童年，羊粪、酸奶和玉米糙子粥混合的气味就是天堂的味道。“我老家呀，没比的，太美了！”这句话我爸说了几十年，至少我听他说了五十多年。他说胡四台的道路都有奶香。在老家，我爸看见白马，会想起他的战马——沙日拉咩绕（蒙古语：带点儿杂花的白马）——和他一起参加过开国大典阅兵式，他身在内蒙古骑兵二师白马团。故乡的马从草地抬起头，缓缓转过头，鬃发遮挡的眼睛温和明亮，我爸会抱住马脖子，他最熟悉马的汗味。

公路边的房子在我看来一模一样。汽车嗖嗖开着，也不知往哪儿开呢。我堂兄是普通牧民，司机知道他家在哪儿吗？我正想着，车拐进一个院子停下。我爸、我妈和我姐他们正从阿如汉的白车上下来，被晒得黝黑的人们围着，有我哥、我姐和一帮满地乱跑的孩崽子。当我出现在他们的视线里，全体人的话语和动作都冻结了，表情凝固。半转身和手里拿东西的人静止在刚才的动作里。我爸正往头上戴草编礼帽，穿红跨栏背心的堂兄朝克巴特尔大张着嘴，堂姐阿拉它塔娜举起双手摸着脸颊。我不知咋办，眼泪先于话语落在沙土地上。朝克巴特尔第一个醒悟，大喊：“原野！”他紧紧抱住我，堂嫂和堂姐从两边抓住我的胳膊。我爸我妈复活表情，顿时喜笑颜开，说：“哎呀，你从哪儿来的？咋回事啊？”我的到来如同精心炒作，我姐塔娜笑得前仰后合。她觉得太滑稽了，我突兀而来抱着朝克巴特尔哭，堂兄把眼泪抹进雪白的鬓发里。“你俩像周星驰电影里的人。”塔娜说。哥嫂越发对我刮目相看，嫂子灯笼假装捏捏我胳膊，看我是人还是神。

原来，我外甥开车迷路，晚到了，他们刚刚进院。冥冥中这一番安排让我们肃然起敬。我爸说：“这不是一般的巧合啊。”说话进屋，上炕喝茶吃奶豆腐。我忽然想起把布仁局长给忘了，同行的还有朝鲁吐镇的书记和镇长，他们给堂兄带来了礼物。我把他们请上桌，一起喝茶。牧区干部朴实，没挑理。

我爸回家了，他今年八十六岁，离乡将近七十年。中间回来多次。他眼前是公路、釉面砖的房屋和农用车，黑绿的玉米叶子在风中翻卷，远处有一溜树林的梢头。我说这和你小时候不一样了，我爸说一样。我不知道什么一样。我爸沉默了，他不再激烈地讲述往昔。他老了，他手扶窗台长久地向外看——这是老年人瞭望世界的独有姿态。窗外有阳光下晃眼的沙漠和停在天边飞不动的云。七十年前，他从这里投身军旅，这辈子历经劫难，九死一生，支撑他活下来的能量来自民族和故乡。三十年前，我爸创立了一个民间非营利机构——昭乌达译书社，集合同道收集整理十二卷、几百万字的蒙古文学典籍译成汉文出版，是历史首创，他本人获得内蒙古文学艺术突出贡献奖金质奖章。对我爸而言，文化不是一个民族的花边而是它的筋骨血肉，它们是土地和呐喊，是奔流的大河与马的目光。我爸觉得蒙古族所有的诗歌、赞颂词、音乐与史诗都在描绘他那个小小的胡四台村，“没比的，太美了！”这个地方恒久如一，永远都“一样”。堂兄为我爸请来一位谈伴，是他岳父也是我爸小时候的朋友猫儒，他和我爸同岁。那几天，他俩头朝里躺在炕上唠嗑，面颊枕自己手掌，唠到吃饭坐起来，然后又躺下唠。猫儒耳聋，我奇怪他怎么能听到我爸的声音呢？

傍晚，我们看草原上的落日，看朝克巴特尔赶着羊群回家，看天上星星亮如敷一层薄冰。中午高温的胡四台，入夜凉意深重。我们回屋，听到我爸和猫儒在黑暗里谈话，声音像蝴蝶在夜里扇动翅膀寻找落脚的灌木。他们说马有多少种颜色和名称，说野浆果的滋味，说庙会。我爸说攻打长春时候士兵的尸体垛成了工事，猫儒说苏联人在通辽把鼠疫患者装进麻袋里拉走。他们不开灯，小声说话，好像怕历史重演。过了一会儿，我爸唱起歌——估计他们说到了一首歌，猫儒跟着唱，但他音不准，抢拍。我不知道此刻世界上哪个地方还有两位八十六岁的老人躺在枕头轻声唱故乡的歌曲？唱《小黄马》《嘎达梅林》，像他们小时候在河边唱过的一样。

我爸想出去走走但走不动了。他在院子里散步，用手指肚摸摸桃形的豆角叶子，摸摸开裂的马鞍的鞍桥，进屋，用胳膊支着窗台远眺。阿如汗诧异，无比健谈的姥爷咋不说话了？他不懂，他老了就懂了——人的语言在心爱的事物面前会谦卑地收拢翅膀。我爸心里有一幅胡四台的画，他画了八十多年还在画，添加他想象中的野花和飞鸟，加上一群长得奇里古怪、他的重孙子辈的孩子们的面孔，还有马……他要一直画下去。